Wiebke Steen
Border Terrier

Herausgegeben unter dem Patronat des
Verbandes für das Deutsche Hundewesen e. V.
44141 Dortmund

Wiebke Steen

Border Terrier

Praktische Ratschläge für Haltung, Pflege und Erziehung

Mit 60 Abbildungen, davon 51 farbig

Parey Buchverlag Berlin 1997

Parey Buchverlag im
Blackwell Wissenschafts-Verlag
Kurfürstendamm 57, D-10707 Berlin

Das Kapitel „Gesundheit“ wurde von Dr. med. vet. Peter Brehm, das Kapitel „Ernährung“ von Dipl. vet. med. Lutz Salomon verfaßt.

Die Deutsche Bibliothek – CIP-Einheitsaufnahme

Border-Terrier : praktische Ratschläge für Haltung, Pflege und Erziehung / Wiebke Steen.
[Das Kap. „Gesundheit“ wurde von Peter Brehm, das Kap. „Ernährung“ von Lutz Salomon verf.] – Berlin : Parey, 1997
(Dein Hund)
ISBN 3-8263-8420-2
NE: Steen, Wiebke

Einbandgestaltung: Rudolf Hübler, Berlin, unter Verwendung einer Abbildung von Roberto Tierfotografie, Gronau

Satz und Repro: Type-Design, Berlin
Druck und Bindung: Grafos S.A., Arte sobre papel, Barcelona

Gedruckt auf chlorfrei gebleichtem Papier

Printed in Spain • ISBN 3-8263-8420-2

Vorwort

In Deutschland war es ein langer Weg für diesen unauffälligen, freundlichen, agilen, kleinen braunen Hund mit dem sprechenden Gesichtsausdruck und dem wachen Blick, bis er sich die Gunst der Hundeliebhaber erobert hatte.

Er war einfach übersehen worden. Attraktivere und auffälligere Terrier entsprachen mehr dem Publikumsgeschmack.

Border Terrier verkörpern britisches Understatement: mehr sein als scheinen. Sie haben mehr gute Eigenschaften und größere Werte zu bieten, als mancher glaubt.

Voraussetzung hierfür ist eine richtige, konsequente Erziehung und verständnisvolle Haltung. Border Terrier sind leichtführig, aber nicht unterwürfig, sondern suchen eine echte Partnerschaft mit ihrem Besitzer.

Sie lernen schnell, weil sie sehr aufmerksam sind. So lassen sie sich meistens auch problemlos erziehen. Aber sie sind sehr verletzlich und leicht beleidigt, wenn man sie ungerecht und unbeherrscht behandelt oder straft. Sie wollen von der Notwendigkeit des Gehorsams überzeugt werden.

Border Terrier sind anhänglich, liebenswürdig und liebevoll. Stets suchen sie die Gesellschaft „ihrer“ Menschen. Sie sind unglücklich, wenn sie zu häufig und zu lange vom Familienleben ausgesperrt werden. Von ihrer Wesensart her sind sie zu schade für ein langweiliges Leben im Zwinger, weil ihre Intelligenz sich dann nicht voll entwickelt.

Ein Border Terrier ist sehr gesellig, sowohl im Zusammenleben mit seinen Besitzern als auch mit anderen Hunden. Er braucht viel Bewegung und Auslauf, Zuwendung und Ansprache.

Wer ihm das bieten kann, findet keine bessere Terrierrasse.

Harsefeld, im Winter 1996/97
Wiebke Steen

Inhalt

Geschichte des Border Terriers 9

Rassestandard des Border Terriers 17
Der Standard – Erläuterungen zum Rassestandard

Hundehaltung 31
Grundbedingungen – Hündin oder Rüde?

Der Kauf eines Border Terriers 39
Vorüberlegungen – Welpenauswahl

Aufzucht 48

Erziehung 53

Hunde allein zu Hause und während des Urlaubs 61

Alte Menschen und Border Terrier 66

Fellpflegetips 69

Züchten – ja oder nein? 75
Die Zuchthündin – Der Deckrüde

Ernährung 85
Der Hund braucht mehr als Fleisch – Das Verdauungssystem spaltet die Nahrung auf – Hohe Energieausbeute nur bei hochverdaulicher Nahrung – Eiweiße sind Baustoff, Energieträger und Wirkstoff zugleich – Wachsende Hunde benötigen spezielle Nahrung – Fertignahrung ist hochwertig, sicher und bequem – Wichtige Tips zur Fütterung Ihres Hundes

Gesundheit 95
Vorbeugen ist besser als Heilen – Erste Hilfe tut not – Alarmzeichen – Infektionen bedrohen die Gesundheit – Impfungen schützen vor diesen Infektionskrankheiten – Gegen andere Infektionen schützt Vorsicht – Wurmkuren gegen unerwünschte Kostgänger – Gefahren für die menschliche Gesundheit?

Der Border Terrier im Alter 109

Anhang 113
Anschriften, die Sie kennen sollten – Literatur – Weiterführende Literatur aus dem Parey Buchverlag – Bildnachweis

Geschichte des Border Terriers

Es wird oft betont, daß je jünger eine Hunderasse ist, es auch um so einfacher wäre, ihre Abstammungsgeschichte nachzuweisen.

Die Border Terrier wurden als eigenständige Rasse in Großbritannien 1920 vom Kennel Club, dem Verband für das Hundewesen in England, anerkannt. Aber man weiß, daß ihre Vorfahren bereits im 18. Jahrhundert bekannt waren.

Seit dem Mittelalter gibt es in England und Schottland Terrier, die vermutlich Nachkommen kleiner Jagdhunde sind und den Namen Terrier – abgeleitet vom lateinischen Wort terra = Erde – erhielten, weil sie die ausgeprägte Fähigkeit besaßen, unter-

Der englische Stich aus dem 18. Jahrhundert zeigt einen „Earth stopper" zu Pferde, d. h. den Mann, der vor der Jagd die Fuchsbaue verschließt. Die Hunde, die ihn begleiten, können als Vorfahren der Border Terrier angesehen werden

irdisch in Bauen und Höhlen Raubwild zu jagen. Diese „Erdhunde" galten als sehr mutig, widerstandsfähig und raubzeugscharf.

Während einiger Jahrhunderte waren Terrier die „Köter" der unterprivilegierten Bevölkerung des britischen Inselreiches, der es verboten war, größere Jagdhunde zu halten und mit ihnen zu jagen. Die Jagd war ausschließlich den adligen Großgrundbesitzern und der Hocharistokratie vorbehalten. Terrier lebten also bei Kätnern und Kleinbauern, auf Pachthöfen, bei Pferdeburschen in Stallungen und Scheunen, bei Fuhrleuten, Viehtreibern, Schäfern, Jagdaufsehern und Wildhütern und bei wandernden Handwerkern und Zigeunern. Fahrendes Volk hat oft eine große Rolle in der kynologischen Historie gespielt.

In einer Zeit, die noch ohne Verkehrsverbindungen wie Eisenbahnen und später Autos war, hatte die Landbevölkerung wenig oder keine Möglichkeit, von einer Region in die andere zu kommen. So waren es die Zigeuner und Wandergesellen, wie Nägelmacher, Kesselflicker und Landstreicher, die von Ort zu Ort zogen und meistens Hunde bei sich hatten, die jagdlich und raubzeugscharf waren. Sie werden die Möglichkeit gehabt haben, „frisches Blut" den heimischen Hunden zu geben und auch den einen oder anderen Hund zu stehlen und in andere Gebiete zu bringen. Hundezucht in heutigem Sinn hat es damals noch nicht gegeben.

Geschätzt wurden Terrier als Mäuse- und Rattenvertilger, als Fuchstöter und Otterjäger, aber auch als nützliche Helfer bei Wilddieberei, weil sie lautlos kleines Wild, wie Hasen und Kaninchen, aus den Hecken in die Netze der „Poacher" (Wilddiebe) trieben.

Das Aussehen dieser Hunde war völlig belanglos. Es gab die Terrier in unterschiedlichster Gestalt und Größe, Haarart und Farbe. Nur ihre Brauchbarkeit als Raubwildvertilger war wichtig, denn die großen Bergfüchse holten neugeborene Lämmer von den Weiden und stahlen Geflügel auf den Farmen, Mäuse und Ratten schädigten Korn und Ernte, und der Otter galt als böser Fischräuber an Seen und Flüssen. Nebenbei begehrte man das Otterfell, um es zu verkaufen.

Besonders als Fuchs- und Otterjäger wurden dann die Terrier auch bei den Grundbesitzern und adeligen Feudalherren bekannt und geschätzt. So wird überliefert, daß der Herzog von Northumberland für einen hervorragenden Otterjäger einen zinsfreien Pachthof als Bezahlung anbot.

Damit kommen wir in das 18. Jahrhundert und zu diversen Überlieferungen, die sicherlich ausgeschmückt wurden und von denen die eine oder andere von heutigen Autoren gern für die gerade von ihnen beschriebenen Terrier reklamiert werden. Immerhin geben solche Überlieferungen Hinweise auf die Entwicklung der uns bekannten Terrierrassen.

Die engere Heimat der Vorfahren des heutigen Border Terriers war das englisch/schottische Grenzgebiet von Northumberland und Roxburghshire, die Cheviot Hills, das Coquetdale, das Gebiet am River Tyne mit den Städten Newcastle, Corbridge und Hexham. Schwerpunkt des Zuchtgeschehens soll das Coquet-Tal gewesen sein, weshalb der Border früher Coquetdale Terrier genannt wurde.

Dandie Dinmont mit seinen Terriern. Romanillustration von 1865

Diese Landstriche gelten aber auch als Herkunftsgebiet für Bedlington und Dandie Dinmont Terrier. Der Bedlington hieß zuerst Rothbury Terrier, und Rothbury ist der einzige größere Ort im Coquetdale.

Von Bedlington und Dandie Dinmont nehmen viele Autoren an, sie hätten zusammen in einer Wurfkiste gelegen, was nur beweisen könnte, daß die frühen Züchter einzig auf Arbeitswert und Jagdlichkeit der Hunde Wert gelegt haben. Das Aussehen interessierte nicht.

Die Historie führt nun unweigerlich zu William „Piper" Allan aus Holystone im Coquetdale und seinem Sohn James, dessen Mutter eine Zigeunerin gewesen sein soll, der selbst als notorischer Schaf- und Pferdedieb galt und im Gefängnis von Durham starb. Beide besaßen vorzügliche kleine Terrier, welche als Otterjäger so berühmt waren, daß für sie hohe Angebote gemacht wurden, auch der schon erwähnte herzogliche Pachthof. Es soll William Allan gewesen sein, der stolz verkündete, wenn sein Peachem – nach anderer Überlieferung hieß der Hund Hitchem – Laut gäbe, könne er das Otterfell bereits verkaufen. Ob es berechtigt ist, Allans Terrier als die direkten Vorfahren der Bedlington zu bezeichnen, kann nicht eindeutig beantwortet werden, denn von Piper Allan kamen Terrier zu einem Mr. Davidson nach Hindlee; sie führen zu den Dandie Dinmonts. James Davidson wird mit der Figur des Dandie Dinmont in dem berühmten Roman „Guy Mannering" von Sir Walter Scott identifiziert, weil Scott dessen kleine, pfeffer- und senffarbenen (pepper/mustard) Terrier genau beschrieb und diese Hunde nach Erscheinen des Buches 1814 den Namen Dandie Dinmont Terrier erhielten.

Die nahe Verwandtschaft von Border, Bedlington und Dandie Dinmont ist als sicher anzunehmen. Wieweit eine solche auch zu den Lakeland Terriern besteht, ist nicht ganz klar. Der Lake District liegt im äußersten Nordwesten Englands, ist rauhes Bergland mit lieblichen Tälern und Seen. Auch hier wurde Raubwild mit mutigen, unempfindlichen, scharfen Terriern gejagt. Die Autoren sind sich nicht einig, ob der Lakeland ein direkter Nachkomme des heute ausgestorbenen Old English Black and Tan Terriers ist wie etwa der Welsh Terrier, oder ob seine ursprünglichen Ahnen Border und Bedlington waren. Auffällig ist jedoch, daß es sowohl beim Border als auch beim Lakeland Terrier vorkommt, daß einigen Rasseexemplaren weiche, helle, schopfähnliche Haare auf dem Oberkopf und an den Ohren wachsen. Ein besonders harter, jagdlicher Zuchtzweig der Lakelands soll auf einen leberfarbenen Bedlington zurückzuführen sein. Auch die Fellfarben dieser Terrier deuten eher auf eine frühe

Bedlington und Dandie Dinmont Terrier. Darstellung von 1879

Verwandtschaft mit Border und Bedlington hin: rot, weizenfarben, grizzle und tan, blue und tan sind die anerkannten Farben des Border Terriers, beim Bedlington heißt es blau, leber- oder sandfarben mit oder ohne tan.

Daß im 20. Jahrhundert häufig Verpaarungen von Lakeland und schwarz und tanfarbenen Welsh Terriern vorgenommen wurden, wird auch von Mrs. Graham Spence, der großen Förderin der Lakelands, die letztlich deren Anerkennung beim Kennel Club durchsetzte, nicht bestritten. Noch immer heißt es im Standard dieser Rasse über die Fellfarben: schwarz und tan, blau und tan, rot, weizenfarben, grizzle, leberfarben, blau oder schwarz. Vergleichsweise soll der Dandie Dinmont nur Pfeffer- oder Senffarbe zeigen, allerdings dürfen sie abschattiert von dunklem schwärzlichen Blau bis zu hellem Silberblau und von rötlichem Braun bis zu hellem falbfarbenem Beige reichen.

Bereits im 18. Jahrhundert hatten die Terrier des Grenzlandes ihren festen Platz als Jagdterrier eingenommen, aber sie existierten noch unter sehr verschiedenen Rassenamen. In das Namenbabel brachte erst der English Kennel Club, gegründet 1873, durch seine Rasseeinteilungen, Zuchtregister und Namensgebungen Ordnung.

Schon vorher waren Border Terrier auf Landwirtschaftsausstellungen gezeigt worden. Zuchtrichter waren immer aktive Huntsmen.

Ungeheuer viel hat es für die Weiterentwicklung dieser Rasse bedeutet, daß sich insbesondere zwei Familien, deren Mitglieder über Jahrzehnte Masters of Hounds bei den North Tyne Pack-, Liddesdale- und Border Foxhounds waren, dieser Terrier so sehr annahmen und sie zusammen mit den Meutehunden jagen ließen. Das waren die Robsons und Dodds.

Es gab auch schon einige Registrationen von Border Terriern beim Kennel Club, aber die Anerkennung als eigenständige Rasse erfolgte erst 1920. Border-Terrier-Züchter und Freunde der Rasse hatten es damit überhaupt nicht eilig gehabt. Sie fürchteten, daß die hervorragenden Eigenschaften dieser Rasse verloren gehen würden, wenn sie unter den Einfluß der Schönheitszucht geriete.

Border Terrier aus der Zucht von J. T. Dodd, um 1902

Heute, mehr als 75 Jahre später, gibt es immer noch oder wieder Meinungsverschiedenheiten unter Border-Züchtern um den Erhalt der Jagdbrauchbarkeit. Zumeist werden Border Terrier nur noch als Haus- und Familienhunde gehalten, und nur wenige Rasseliebhaber können ihren Hunden den Jagdeinsatz bieten. Doch selbst in England geben Autoren, die schon lange mit der Rasse und ihrer Jagdarbeit eng vertraut sind, inzwischen zu, daß die Möglichkeiten, diesen tüchtigen Arbeitshund einzusetzen, immer geringer würden. Was wird die Zukunft bringen? Es muß ernsthaft nachgedacht werden, wie man sinnvolle Beschäftigungen für diese agilen, intelligenten Terrier findet, die ihnen das gute, ausgeglichene Wesen und ihre hohe Einsatzbereitschaft erhalten und sie nicht zu Ausstellungshunden oder Statussymbolen werden lassen, wie wir es von vielen anderen Terriern kennen. Border Terrier müssen beschäftigt werden, sie wollen „arbeiten“, sonst langweilen sie sich. Fährtensuche und Agility könnten Alternativen sein.

Weltweit haben die Border Terrier in den letzten Jahren große Popularität erlangt. Während sie vor zehn oder fünfzehn Jahren bei uns in Deutschland noch als „nette Bastarde“ angesehen wurden, haben inzwischen auch die Medien die Rasse entdeckt. Kein Zeitschriftenverlag, der über Tiere, insbesondere über Hunde berichtet, verzichtet noch auf ein „Rasseporträt“ vom Border Terrier. Tierärzte nahmen sich als Halter oder Züchter der Rasse an und propagieren die guten Eigenschaften und Widerstandsfähigkeit sowie Langlebigkeit der Hunde.

Natürlich wünscht man sich einen guten Leumund und gewissen Bekanntheitsgrad für Border Terrier. Ob Popularität aber für den Erhalt all dieser Vorzüge, welche die Rasse besitzt, ein Segen ist, wird sich herausstellen

Auf diesem historischen Studiobild präsentiert der Züchter W. Carruthers einen Otter, den seine drei Border Terrier erlegt haben

müssen. Hier hat der Rasseklub, haben die Zuchtrichter und die Züchter große Verantwortung, denn allzuleicht verführt ein guter Absatz der Jungtiere dazu, mit Hunden zu züchten, die lieber ohne Nachkommen bleiben sollten, und die große Nachfrage nach Welpen hat die Preise teilweise schamlos steigen lassen. Ein Border Terrier ist der beste vierbeinige Kumpel, den man sich anschaffen kann, deshalb ist der Wunsch, einen solchen kleinen Kameraden zu besitzen, überaus verständlich. Aber der höchste Verkaufspreis garantiert noch nicht den besten Hund.

Rassestandard des Border Terriers

Der Standard

Ursprungsland. Großbritannien.
Allgemeines Erscheinungsbild. In erster Linie ein Arbeitsterrier.
Charakteristika. Fähig einem Pferd zu folgen; er vereinigt Unternehmungslust mit jagdlichem Schneid.
Wesen. Lebhaft und mutig – wie bereits dargestellt.
Kopf und Schädel. Kopf wie der eines Otters, aber mit mäßig breitem Schädel und kurzem, starkem Fang. Eine schwarze Nase ist zu bevorzugen, jedoch ist eine leber- oder fleischfarbene Nase kein schwerwiegender Fehler.
Augen. Dunkel mit lebhaftem Ausdruck,
Ohren. Klein, V-förmig, mäßig dick, nach vorn fallend, eng an den Wangen anliegend.
Gebiß. Scherengebiß, wobei die obere Schneidezahnreihe ohne Zwischenraum über die untere greift und die Zähne senkrecht im Kiefer stehen. Zangengebiß noch erlaubt. Vor- oder Rückbiß sind schwere Fehler und höchst unerwünscht.
Hals. Mittellang.

Weltsieger,
GB und D Champion,
Winner NL und B,
Bundessieger
Thoraldby Glenfiddich

Kopfstudie

Vorhand. Vorderläufe gerade, Knochen nicht zu schwer.
Körper. Tief, schmal und deutlich lang; Rippen weit nach hinten reichend, jedoch nicht übermäßig gewölbt, da man imstande sein muß, einen Border Terrier mit beiden Händen hinter den Schultern zu umspannen. Kräftige Lendenpartie.
Hinterhand. Flüchtig.
Pfoten. Klein, mit dicken Ballen.
Rute. Mäßig kurz; deutlich dick am Ansatz, spitz zulaufend; hoch angesetzt; fröhlich, aber nicht über den Rücken gebogen getragen.
Gangart/Bewegung. Hat die Festigkeit, einem Pferd zu folgen.
Haarkleid. Harsch und dicht anliegendes Unterhaar. Die Haut muß dick sein.
Farbe. Rot, weizenfarben, grizzle mit tan (meliert und lohfarben), blau mit tan (blau und lohfarben).
Größe/Gewicht. Rüden: 5,9–7,1 kg; Hündinnen: 5,1–6,4 kg.
Fehler. Jede Abweichung von den vorgenannten Punkten sollte als Fehler angesehen werden, dessen Bewertung im genauen Verhältnis zum Grad der Abweichung und seinem Einfluß auf die Arbeitstüchtigkeit dieser Terrier stehen sollte.

Anmerkung. Rüden sollen zwei offensichtlich normal entwickelte Hoden aufweisen, die sich vollständig im Skrotum befinden.

Erläuterungen zum Rassestandard

Rassestandards sind nicht immer leicht zu lesen und zu verstehen. Es bleibt sogar vieles ungesagt.

Die Standards der Terrierrassen haben zudem noch den Nachteil, daß sie aus einer fremden Sprache übersetzt werden mußten, – und zwar wortgetreu. Deshalb besteht für den Laien ein Erklärungsbedarf.

Ein Rassestandard ist das verbale Bild des Idealhundes einer Rasse. Solch Ideal wird selten, wenn überhaupt, erreicht. Doch je mehr ein Rassehund seinem Rassestandard entspricht, für um so besser kann er gelten. Hier soll der Versuch unternommen werden, dem Hundefreund, der sich für den Border Terrier interessiert, die Rassekennzeichen zu erklären. Die Erläuterungen stellen die Meinung der Autorin dar, die sie sich in dreißigjährigem Umgang mit dieser Rasse bildete.

Als schon am Anfang unseres Jahrhunderts die alten Huntsmen, die mit Border Terriern jagten, und die früheren, erfahrenen Züchter dieser Rasse einen ersten Standard aufzeichneten, ging es ihnen weniger um das Aussehen ihrer Terrier als vielmehr darum, was sie von einem Arbeitshund fordern mußten, wenn dieser für die Bauarbeit im Gelände, in dem er jagte, brauchbar sein sollte. So vermieden sie auch jede ausschmückende Erklärung. Der ursprüngliche Standard hat sich in den letzten 75 Jahren nicht entscheidend geändert, obwohl er mehrmals überarbeitet wurde.

Border-Terrier-Züchter und Freunde der Rasse sind sich darüber einig, daß innerhalb der großen Terrierfamilie mit den vielen individuellen Variationen in Größe, Gestalt, Haarart und Fellfarbe der Border etwas Besonderes darstellt und unverwechselbar mit anderen Terriern ist. Um dieses spezielle Aussehen und den typischen Otterkopf sowie die Wesensart der Rasse bewahren zu können, muß man wieder und wieder den Standard studieren.

„In erster Linie ein Arbeitsterrier" ist eine Formulierung, die in den wenigsten Standards von Terriern noch zu finden ist, obgleich alle Terrier einst Arbeitshunde auf der Jagd waren. Beim Border Terrier steht diese Standardforderung sogar an erster Stelle unter „Allgemeine Erscheinung". Außer beim Border wird die Definition wortgetreu nur noch bei

Schneid und Unternehmungslust sind ihnen ins Gesicht geschrieben

Vergleich
Border Terrier – Otter

den Parson Jack Russell und Australian Terriern gebraucht. Beim Cesky Terrier wird erwähnt, daß er ein „Working Terrier“ sei. Sonst nennt der Standard nur bei wenigen anderen Terriern die Worte „Game“, „Workmanlike“ und „Able to go to ground“ (jagdlich, arbeitsfreudig und für Bauarbeit geeignet).

Die Border-Terrier-Freunde möchten der Rasse unbedingt die Befähigung als „Arbeitsterrier“ erhalten und fordern immer wieder in Deutschland die Anerkennung als Jagdgebrauchshunde. Man will nicht, daß sie zu gestylten Schauhunden mit übertriebenem Trimming werden. Das paßt nicht zu einem Arbeitshund. Border können sich im Schauring mit nur wenig Unterstützung seitens des Vorführers sehr gut selbst zeigen und brauchen nicht permanent an Kopf und Rute gehalten zu werden. Allerdings sind sie oft sehr gelangweilt, und man muß sie ansprechen oder mit kleinen Leckereien aus getrockneter Leber aktivieren.

Die Standardforderung „lebhaft und mutig“ bedeutet keinesfalls nervös und aggressiv, sondern interessiert und selbstbewußt. Mutig soll der Border auf der Jagd sein. Aber ein aggressiver Jagdgefährte ist wertlos.

„Kopf wie der eines Otters“. Damit unterscheidet sich der Border deutlich von allen anderen Terrierrassen. Ein otterähnlicher Kopf ist das Hauptmerkmal der Rasse und außerordentlich wichtig für den Rassetyp. Ohne den typischen Otterkopf wäre der Border nur irgendein kleiner brauner Terrier.

Ein Otterkopf ist niemals grob; der Kopf des Borders darf es auch nicht sein. Die Schädeldecke muß flach und ohne Rundung zwischen den Ohren sein. Es dürfen sich hier keine Hautrunzeln oder Falten bilden. Der Kopf ist gemäßigt breit, und die Wangenpartien treten nicht hervor. Das

Der typische Otterkopf des Border Terriers

Längenverhältnis von Oberkopf und Fang beträgt 2:1. Der gemäßigt kurze Fang ist stark und genügend breit, darf keinesfalls spitz verlaufen, sondern ähnelt eher einem stumpfen Keil. Unter den Augen muß das Vorgesicht kräftig sein, ebenso die Kiefer. Ein langer Fang ist untypisch. So ist auch ein zu kurzes Vorgesicht nicht erwünscht, weil ein zu kurzer Fang zu zwei gravierenden Fehlern führen kann: Vorbiß und Apfelkopf. Border Terrier mit übertrieben kurzen Vorgesichtern ähneln eher einem Brüsseler Griffon als einem Otter und wirken wie Puppen.

Weitere Fehler könnten ein zu tiefer „stop“ (Stirnabsatz) und hervortretende Augen sein. Ein langer Fang hingegen ist niemals otterähnlich, solch Kopf gleicht eher dem eines Dachses.

Das Haar auf dem Schädel soll sich harsch anfühlen. Es darf keine Anzeichen für weiche Schopfhaare geben (Bedlington oder Dandie Dinmont). Auch soll der Bart – besonders am Unterkiefer – nicht zu üppig sein. Ähnlichkeit mit dem Bart eines Schnauzers ist nicht erwünscht.

Weil der Stirnabsatz vor den Augen nur gering ist – der Standard erwähnt ihn überhaupt nicht –, sollte er auch nicht durch starke Augenbrauenbehaarung betont werden. Manche Trimmanweisungen fordern, daß die Augenbrauenhaare stehen bleiben und das Haar zwischen den Augen „geteilt“ werden soll, um den Stop zu betonen. Das ist absolut falsch.

Der Borderkopf darf nicht quadratisch oder rechteckig wirken. Nimmt man einem Border Terrier beim Betrachten seines Kopfes die Ohren zurück und verdeckt sie mit der Hand, muß die Ähnlichkeit mit dem Otterkopf sowohl von vorn als auch im Profil gesehen deutlich erkennbar werden.

„Augen dunkel mit lebhaftem Ausdruck". Über die Augenform – groß, rund, klein, schmal, tiefliegend – sagt der Rassestandard nichts aus. Für einen typischen Border sind jedoch die großen, runden Augen des Dandie Dinmont ebenso falsch wie die dreieckig wirkenden, tiefliegenden Augen des Bedlington Terriers. Die Augen der Borders können mittelgroß und eher rundlich geformt als schmal sein. Keinesfalls dürfen sie hervortreten oder andererseits wie kleine Knopfaugen wirken. Die Farbe ist ein dunkles Nußbraun. Helle Augen sollten durch entsprechende Zuchtwahl vermieden werden. Es wird vom Standard ein lebhafter Augenausdruck gefordert. In der Position der Ruhe ist der Blick freundlich und ausgeglichen, wird aber des Borders Interesse geweckt, sei es durch Personen oder Tiere, wird der Augenausdruck lebhaft und zupackend.

„Ohren klein, V-förmig, mäßig dick, nach vorn fallend, eng an den Wangen anliegend". Die Formulierung „klein" ist ungenau, V-förmig dagegen treffend. Man kann sagen, daß die Spitzen der Ohren nicht wesentlich unter die Augenplazierung reichen. Es sind keine scharf zugespitzten Ohren, sondern eher minimal abgerundete. Deutlich rund dürfen die Ohrspitzen allerdings nicht sein. Etwas mißverständlich ist die Formulierung, daß die Ohren „eng an den Wangen anliegen, denn es sind nur die inneren Ohrenkanten, die eng anliegen, nicht die Ohren als Ganzes, dann würden sie „tot" und unbeweglich wirken. Vorzugsweise wünscht man eine dunklere Behaarung auf den Ohren als es die Fellfarbe am Körper des Hundes ist. Aber auch das ist keine Forderung des Standards. Ein deutlicher Fehler sind zu hoch getragene Ohren, die auf dem Schädel aufliegen. Das würde eine zu große Ähnlichkeit mit anderen Terrierrassen bedeuten, beispielsweise mit dem Lakeland Terrier.

Keiner Erklärung bedarf das geforderte Scherengebiß. Ein Zangengebiß wird bei Border Terriern toleriert, sollte aber nicht in jugendlichem Alter auftreten, weil die Erfahrung gelehrt hat, daß sich die Gebisse bei dieser Rasse noch sehr verändern können, und manches Exemplar mit drei oder vier Jahren den Unterkiefer noch geschoben hat und Vorbeißer wurde. Das ist ein Gefahrenpunkt der Rasse. Die Zahnzahl soll insgesamt bei ausgewachsenen Bordern 42 betragen. In Deutschland toleriert man vier fehlende Prämola-

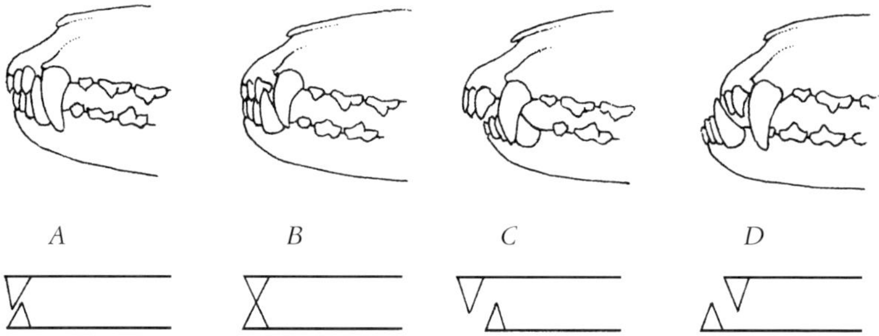

A = Scherengebiß   *B = Zangengebiß*   *C = Rückbiß*   *D = Vorbiß*

I = Incisivi = Schneidezähne

C = Canini = Fangzähne

P = Praemolaren = Vordere Backenzähne

M = Molaren = Hintere Backenzähne

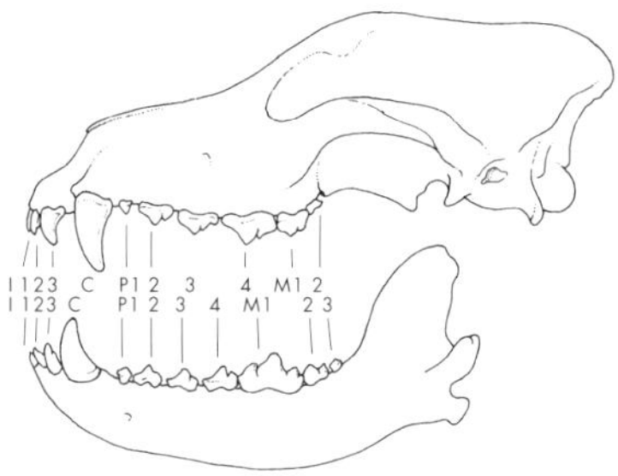

	Oberkiefer	Unterkiefer	Dauergebiß
Incisivi	6	6	12
Canini	2	2	4
Praemolaren	8	8	16
Molaren	4	6	10
	20	22	42

Das Milchgebiß hat lediglich 32 Zähne

ren (Vorbackenzähne), aber nicht die Unterzahl von 6/6 Incisivi (Schneidezähne) in Ober- und Unterkiefer. Wichtig ist ein breiter Kieferbogen, in welchem die Zähne senkrecht stehen. Eine aufkommende Gefahr sind zu schmale Unterkiefer mit einem Engstand der Canini (Fangzähne).

Border Terrier sind wohl – neben leberfarbenen Bedlington – die einzige Terrierrasse, bei der eine schwarze Nase erwünscht ist, aber eine leber- und sogar fleischfarbene Nase toleriert wird. Es verwundert, daß man diese Formulierung bei der letzten Standardüberarbeitung nicht fortgelassen hat, weil solche Nasenfarben praktisch nicht mehr vorkommen.

„Hals mittellang". Man beachte diese Angabe. Der Hals des Borders darf also nicht kurz sein, aber ein langer Schwanenhals, wie ihn manche Zuchtrichter inzwischen bei den meisten Terriern bevorzugen und „elegant" finden, ist nicht erwünscht. Doch muß dieser mittellange Hals kräftig bemuskelt sein, weil davon die Fähigkeit des Hundes abhängt, einen Fuchs aus dem Bau zu zerren oder eine Ratte zu beuteln.

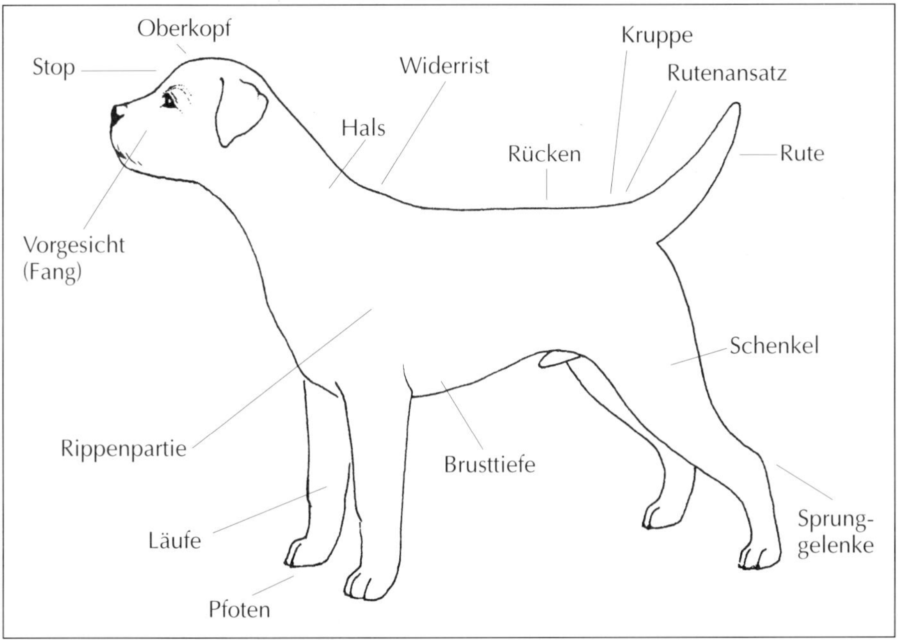

Der Körper des Border Terriers

Borderrüde mit dem im Standard geforderten schmalen und etwas längeren Körper

„Vorderläufe gerade, Knochen nicht zu schwer“ heißt es lapidar. Hier muß erklärt werden, daß der Border ein leichtgebauter Terrier ist und außergewöhnlich beweglich und wendig sein soll. Schwerere, starkknochige Hunde sind langsamer, haben nicht die gleiche Befähigung für müheloses Überspringen von Hindernissen und können nicht so gut klettern. Die Front muß schmal sein, man darf nicht mehr als vier Finger – nicht die ganze Breite einer Männerhand – zwischen die Vorderläufe schieben können. Schräggelagerte Schulterblätter, die am Widerrist dicht zusammenliegen, sind wichtig für die Vorhandbewegung und das freie Ausschreiten. Im Vergleich mit einem Fox Terrier sind die Läufe des Border Terriers nicht direkt unter den Körper, sondern eher etwas seitlich gestellt. Das klassische Modell „Terrier“, wie es immer wieder vom Drahthaar Fox zitiert wird, paßt überhaupt nicht als Schablone für einen Border Terrier!

„Körper tief, schmal und deutlich lang“ sind wichtige Standardmerkmale. Die Rasse ist nicht quadratisch gebaut. Es darf keinesfalls der Eindruck von Rückenkürze entstehen. Die Rückenlinie soll eben, das heißt gerade sein. „Rippen weit nach hinten reichend, jedoch nicht übermäßig gewölbt, da man imstande sein muß, einen Border Terrier mit beiden Händen hinter den Schultern zu umspannen“. Der Standard spricht nicht von einer tiefen Brust und fordert auch keinen tiefen Rumpf. Trotzdem erscheint der Körper tief, weil die Rippen weit nach hinten reichen und auch noch die letzten Rippen nie kurz sein dürfen. Weil der Rumpf schmal gefordert wird, darf die Rippenpartie nicht zu rund sein. Ein zu rundrippiger Border Terrier ist bei der Bauarbeit benachteiligt. Die „kräftige Lendenpartie“ erwähnt der Standard. Sie ist für einen geschmeidigen Körper wichtig.

„Hinterhand flüchtig“ ist ebenfalls wenig aussagekräftig. Man muß sich klarmachen, daß „flüchtig“ nicht schwächlich bedeutet, das Wort macht aber deutlich, daß der Border Terrier keine übertriebenen Winkelungen hat. Die Beckenknochen sollen genügend weit auseinander liegen, und die Unterschenkelmuskulatur reicht bis zu den Sprunggelenken. Eine gute Neigungslinie zeigt sich vom Hüftpunkt zum Sprunggelenk, wobei das Kniegelenk gerade vor dieser Linie liegt und raumgreifendes Gangwerk ermöglicht. Die Schubkraft und der kräftige, lange Schritt aus der Hinterhand sind entscheidend für den Bewegungsablauf. Die beste Schulterlage und der beste Vortritt sind für ein Lauftier wenig nützlich, wenn die Hinterhandbewegung auf der Stelle tritt. Eine erstklassige Hinterhand kann die Mängel in der Vorhand kompensieren. Im Stand stehen die Sprunggelenke nur wenig hinter dem Rumpf. Leider wird es immer mehr geschätzt, wenn Vorführer ihren Terriern im Ausstellungsring die Hinterläufe weit hinter den Rumpf ziehen. Ein Hund wird dann stets versuchen, die Läufe wieder in die statisch richtige Position zu bringen, indem er einen Schritt vorwärts macht – aber die Läufe werden wieder „zurückgestellt“.

„Pfoten klein, mit dicken Ballen“. Die Pfoten des Border Terriers sind wie Katzenpfoten, kurz, gut geschlossen und mit gebogenen Zehen. Unterwärts müssen die Ballen dick gepolstert sein, weil sonst Plattfüße entstehen. Die Pfoten dürfen sich nicht spreizen. Die Mittelzehen sind geringfügig länger als die übrigen und ermöglichen dem Border einen besseren Halt beim Klettern. Die Zehen sollen den Boden berühren, und die Zehennägel müssen kurz gehalten werden.

Im Gegensatz zu manchen anderen Körperpartien beschreibt der Standard die Rute des Borders sehr ausführlich. Es muß nur noch erwähnt werden, daß peitschenähnliche

Ruten unerwünscht sind und daß die Rutenhaltung oft Stimmungssache ist. Es gibt Terrier, die sich wesentlich mehr wie ein „Macho“ zeigen als es der Border tut. Deshalb gab und gibt es viele Streitgespräche um die „richtige“ Rutenhaltung. Border-Fans wünschen diese Haltung vergleichsweise wie die Position der Uhrzeiger, wenn es 10 Minuten nach zwei Uhr ist. Bei einem temperamentvollen Border kann die Haltung sogar etwas höher sein. Unerwünscht ist nur die über den Rücken gerollte Rute.

Die Bewegung eines Border Terriers soll so leicht, flüssig und raumgreifend sein, daß der Hund die „Festigkeit, einem Pferd zu folgen“ besitzt. Die Standardforderung nach flüssiger Bewegung ist sicher sehr wichtig; ob die Formulierung in die heutige Zeit paßt, kann bezweifelt werden. Das Pferd könnte aber durch ein Mountainbike ersetzt werden.

Für einen Terrier, der bei jedem Wetter Jagdarbeit leisten sollte, war und ist noch immer das Haarkleid ein überaus wichtiges Indiz: Die meisten Terrier besitzen eine sogenannte „doppelte Jacke“, was heißt, daß weiche, dichte, kurze Unterwolle – sie sorgt für Wärme – unter längerem, dichtem, hartem Deckhaar – schmutz- und wasserabstoßend – wächst. Gleichzeitig bietet solche Felldecke, zusammen mit der dicken, losen Haut dieser Rasse, Widerstand gegen Verletzungen durch Bisse von Raubwild und ebenso von Dornen und Gestrüpp auf der Jagd.

Solch ein doppeltes Haarkleid muß auch jeder Ausstellungshund zeigen, weil es eine wichtige Standardforderung ist. Viele Border werden mit zu kurzem Fell dem Zuchtrichter vorgeführt. Kurzgetrimmt wirken sie angeblich „eleganter“. Aber es ist nur noch schwer zu beurteilen, ob solch ein Hund noch die geforderte doppelte Felldecke besitzt. Richter sollten darauf mehr achten.

Die Fellfarben sind im Standard so festgelegt, daß von rot und weizenfarben die Grizzletöne (rötlich mit schwarz und grau meliert) mit Lohfarbe (tan) und blau mit Lohfarbe erlaubt sind. Schwarz-lohfarben ist nicht erwähnt und nicht erlaubt. Leider sind heute viele Border Terrier anstatt „blau“ schwarz, und es fällt auf, daß deren Haarkleid nicht so harsch ist wie dasjenige der andersfarbigen. Also für Züchter auch ein beachtenswerter Punkt.

Der nächste Standardpunkt gilt Größe und Gewicht des Border Terriers. Wenn man Border auf Zuchtschauen beobachtet, stellt man bei der Größenbetrachtung ziemliche Unterschiede fest.

Während die ersten aufgestellten Rassekennzeichen neben Gewicht auch die Schulterhöhe angaben, ist heute nur noch das Gewicht genannt, und das beträgt für einen ausgewachsenen Rüden 5,9 bis 7,1 kg, für Hün-

Zwei internationale Champions in der Farbe Blau mit Loh (Tan)

dinnen 5,1–6,4 kg. Nun kann aber ein kleiner Hund zu schwer für seine Größe sein und fett wirken, während ein großer Hund das richtige Gewicht haben und dabei zu mager sein kann. Vielleicht wäre es besser, wenn wir auch heute noch eine Anleitung für die Schulterhöhe bei dieser Rasse hätten. 1913 beispielsweise waren Größe und Gewicht wie folgt: Rüden 6,4 bis 7,2 kg bei einer Widerristhöhe von 30 bis 32,5 cm (12–13 inch, 14–16 lbs). Zwei Jahre später war das Höhenmaß 35 cm bei einem Gewicht von 6,4 kg. Als 1920 die Rasse anerkannt wurde, lauteten die offiziellen Maße und Gewichte 32,5 bis 40 cm und 6,4 bis 7 kg. Ab 1930 gab es keine Angaben mehr für die Schulterhöhe. Auch der 1986 überarbeitete Rassestandard nennt heute nur das Gewicht von 5,9 bis 7,1 kg für Rüden und 5,1 bis 6,4 für Hündinnen. Man richtet sich nach einer am Widerrist gemessenen Höhe von 34–38 cm für Rüden und 32–36 cm für Hündinnen.

Immer wieder haben Huntsmen und Züchter in England darauf hingewiesen, daß ein Border Terrier genügend lange Läufe haben muß, um in dem schwierigen Gelände seiner engeren Heimat erfolgreich mit den Hounds jagen zu können. Wenn der Typ des Arbeitsterriers erhalten bleiben soll, ist auch das eine – unausgesprochene – Forderung an die Rassekennzeichen. Das gilt ebenfalls für das Umspannen des Brustkorbs hinter den Schulterblättern. Heute richten viele Frauen auf Zuchtschauen und Zuchtzulassungen bei uns in Deutschland, von denen die meisten keine großen Männerhände haben. Inzwischen hat man auf den KfT-Zuchtzulassungen herausgefunden, daß ein annähernd gutes Mittelmaß für den Brustumfang etwa 45 bis 46 cm sind. Dem Messen und Wiegen soll hier keinesfalls das Wort geredet werden. Denn für jeden Hund sind letztlich Typ und Qualität entscheidend und nicht nur das Meß- und Zählbare.

Hundehaltung

Grundbedingungen

Wenn Sie nicht selbst Hauseigentümer sind, ist es unerläßlich, sich vom Vermieter oder von der Hausverwaltung eine schriftliche Erlaubnis geben zu lassen, daß Sie sich einen Hund anschaffen können. Auch wenn Sie selbst Grundstücksbesitzer sind, sollten Sie sich bei den Nachbarn umhören, wie sich diese zur Hundehaltung stellen. Sind sie strikt gegen Hunde, wird Ärger unausbleiblich sein.

Jeder Hund sollte haftpflichtversichert werden. Für alle Schäden, die Ihr Terrier anrichtet, und für jeden Unfall, den er verursacht, muß stets der Hundehalter aufkommen. Über Rechtsvorschriften, die mit der Hundehaltung zusammenhängen, informiert Sie das im gleichen Verlag er-

Fröhlicher Betrieb auf dem Rasen

schienene Buch „Rechtskunde für Hundehalter“ von Freimut Quednau.

Sie sollten sich über die Höhe der Hundesteuer informieren. Hundesteuern sind Gemeindesteuern und werden in der Bundesrepublik sehr unterschiedlich festgesetzt. In letzter Zeit wurden sie beträchtlich erhöht.

Bedenken Sie auch die täglichen Futterkosten. Man hat schon oft in Artikeln und Büchern versucht, Aufstellungen über die Haltungskosten für die verschiedenen Hunderassen zu geben. Bis solche Abhandlungen gedruckt waren, stimmten die Preisangaben nicht mehr. Doch kann kein Hund von Mittagstischresten oder Küchenabfällen artgerecht existieren. Also sollten Sie sich informieren, wie teuer die Ernährung Ihres Hundes werden wird.

Der Border Terrier muß mindestens zweimal im Jahr getrimmt werden. Ich plädiere zwar dafür, daß der Hundehalter versucht, das Rupfen und Trimmen selbst zu lernen, aber manche haben dafür absolut kein Talent oder auch keine Geduld. Dann kommen die nicht unerheblichen Pflegekosten für den Hundepfleger hinzu.

Ihr Hund muß jährlich gegen Staupe, Leptospirose, Hepatitis, Parvovirose und Tollwut geimpft werden. Außerdem könnte er mal erkranken. Glücklicherweise sind die Border Terrier robust und widerstandsfähig, so daß sie keine Dauer-

Hund und Katze in guter Eintracht

Rechtzeitig darauf vorbereitet, findet sich der Border rasch damit ab, daß sich die Familie vergrößert

patienten beim Tierarzt werden. Trotzdem müssen Sie auf solche Kosten vorbereitet sein.

Wenn man die Entscheidung getroffen hat, einen Border als Hausgenossen und Familienmitglied aufzunehmen, müssen konkrete Antworten zu weiteren Fragen gefunden worden sein: Wird der Border Terrier genügend menschliche Zuwendung, Auslauf und Bewegungsfreiheit bei Ihnen bekommen? Wird er voll in die Familie integriert werden? Ein Border Terrier ist nicht gern ausgesperrt oder stundenlang allein. Kann man sich häufig genug und intensiv mit ihm beschäftigen und ihm ausreichend Zeit widmen? Gute Vorsätze allein genügen nicht. Wird man ihm lange Spaziergänge ermöglichen? Border Terrier brauchen viel Bewegung und Auslauf im Freien, selbst bei schlechtem Wetter. Fellpflege und Hygiene sind Grundbedingungen jeder Hundehaltung. Welches Familienmitglied wird das übernehmen?

Manchmal ist der Hund das Geschenk für ein Kind – weil es doch so tierlieb ist! In der ersten Begeisterung wird fest versprochen, alle Arbeit und Pflege für den Hund zu übernehmen. Doch auch ein in bester Absicht gegebenes Versprechen wird vergessen und die übernommene Pflicht zur Plage, wenn das lebendige Spielzeug den Reiz der Neuheit verloren hat. Wer versorgt dann das Tier? Deshalb sollte der Züchter vor Abgabe des Welpen herausfinden, ob insbesondere die Mutter des beschenkten Kindes dem Welpenkauf aus vollem Herzen zustimmt, denn *sie* wird später die Mühe und Arbeit haben. Wohin mit dem Border Terrier im Urlaub? Was wird aus dem geliebten Vierbeiner, wenn Alleinstehende ohne Angehörige ihn wegen Krankheit oder Schlimmerem nicht mehr halten können?

Vor dem Erwerb eines Hundes muß man sich auch mit der Frage beschäftigen, ob man Geduld und Talent hat, einen jungen Hund liebevoll und trotzdem konsequent zu erziehen. Antiautoritär ist es zwar sehr bequem, doch für alle Hunde absolut untauglich. Prügel sind abscheulich; mal ein Klaps unvermeidbar und unschädlich. Da Border Terrier sehr lerneifrig und willig sind, ist ihre Erziehung eigentlich nicht schwer. Aber sie müssen geduldig und konsequent angeleitet werden, damit sie wissen, was sie tun oder lassen sollen.

Hündin oder Rüde?

Gegen die Haltung einer Hündin in Privathand, also als Haushund ohne züchterische Absichten, spricht eigentlich nur die zweimalige Läufigkeit im Jahr.

Viele Hundehalter scheuen sich, eine Hündin anzuschaffen, weil während dieser Zeit alle Rüden aus der Nachbarschaft hinter ihr her sind. Sie wählen deshalb lieber einen Rüden, ohne zu bedenken, daß dieser später zu den ständig auf Brautschau befindlichen Hunden gehören könnte, welche läufige Hündinnen belästigen.

Während der Hitzeperiode, die drei Wochen dauert und zwischen dem 9. und 18. Tag für unerwünschte Paarungen am gefährlichsten ist, wird auch die sonst folgsamste Hündin nicht mehr gehorchen und ist kein Garten sicher genug eingezäunt, um die Hündin unbeaufsichtigt nach draußen zu lassen. Glücklicherweise ist ein Border von Größe und Gewicht her durchaus geeignet, getragen und einige hundert Meter vom Haus entfernt – an der Leine versteht sich – abgesetzt zu werden, um sich zu lösen. In gleicher Weise nimmt man die Hündin auf dem Rückweg rechtzeitig hoch, um so die Spur für ihre Freier zu verwischen.

Auch in Haus und Wohnung sollte die Hündin während ihrer Läufigkeit (übrigens eine völlig richtige Bezeichnung) sicher untergebracht werden. Die beste Unterbringung während der kritischen Zeit ist eine verschließbare Transport-Box.

Man kann die Läufigkeit der Hündin durch Injektionen verhindern. Der Zyklus für diese Injektionen muß genau eingehalten werden. Fragen Sie Ihren Tierarzt. Oder es besteht die Möglichkeit, wenn nicht gezüchtet werden soll, die Hündin zu sterilisieren oder zu kastrieren. Auch für diese Fälle sollte man sich mit einem Tierarzt besprechen.

Zwei, die sich verstehen

Bei der Sterilisation wird die Hündin weiterhin regelmäßig ihre Laufzeit bekommen, kann jedoch keinen unerwünschten Nachwuchs bringen.

Kastration bedeutet eine Totaloperation von Gebärmutter und Eierstöcken. Der günstigste Zeitpunkt für solchen Eingriff ist vor der dritten Hitze. Die neuerdings vertretene Meinung, es sei ratsam, eine junge Hündin unter neun Monaten ihres Lebensalters bereits zu kastrieren, halte ich nicht für angezeigt. Die Hündin ist in ihrer psychischen und physischen Entwicklung noch nicht ausgereift. Die gefürchtete Folge einer Kastration, nämlich daß die Hündin dick wird, braucht bei vernünftiger Ernährung nicht einzutreten. Ein anderes Problem ist wahrscheinlicher: Die Fellqualität verändert sich. Das Haar wird oft weich und überreichlich.

Ob man eine Hündin oder einen Rüden als Hausgenossen wählt, ist die ganz persönliche Einstellung eines Hundeliebhabers. Vielleicht ist die Hündin etwas leichter lenkbar und anschmiegsamer, während der Rüde oft recht stürmisch und fordernd sein kann. Daß das Machogehabe eines Rüden eher für „trouble“ mit anderen Rüden sorgt, kann beim Border nicht unbedingt bestätigt werden; andererseits gibt es auch zickige Hündinnen.

Da will einer beim Bücherschreiben mitmachen

Beim Border Terrier ist das Vorurteil, daß ein Rüde weniger anhänglich als die Hündin sei, völlig unzutreffend. Unter den neun Rüden, die ich selbst in mehr als dreißig Jahren Zusammenleben mit dieser Rasse gehalten habe oder noch besitze, war nur einer, mit dem sich keine enge Bindung aufbauen ließ.

Sehr viel hängt von der Erziehung im Jungtieralter ab und von Erfahrungen, die junge Hunde machen. Ein Border vergißt nicht so leicht. Wurde er mal kräftig von einem anderen Hund gebissen, kann es sein, daß er selbst aggressiv wird. Doch ist das nicht rassetypisch, denn Border Terrier sollen gegenüber anderen Hunden tolerant sein. Das liegt in ihrer Entwicklungsgeschichte. Da sie ursprünglich mit den großen Meutehunden zusammen jagten, wurde größter Wert auf ihr Wesen gelegt. Es ist wichtig, daß diese tolerante Wesensart bewahrt wird.

Für die Haltung einer Hündin in Privathand spricht vielleicht, daß man etwas bequemer mit ihr lebt: Bei Sturm und Regen oder eisiger Kälte und Schneetreiben will der Rüde

Wer paßt auf wen auf?

morgens früh, aber auch noch spät am Abend, seine Runde machen. Überall muß er seine Markierungen anbringen, indem er ein dutzendmal das Bein hebt und keine Stelle ausläßt. Ihn stört kein schlechtes Wetter. Die Hündin hingegen wird sich schnell einen Platz für ihren See suchen und ins Haus zurück wollen – wie ihr Besitzer. Dafür habe ich aber die Erfahrung gemacht, daß die Rüden im Welpenalter schneller stubenrein werden als Hündinnen.

Persönlich möchte ich hier einen Rat geben: Wenn Sie beschlossen haben, sich einen Border Terrier – das gilt aber für jede Hunderasse – anzuschaffen und beim Züchter vor der quicklebendigen, zutraulichen und ansprechenden Hundefamilie stehen, sollten Sie nicht in die Versuchung kommen, zwei Welpen zu nehmen. Falls Sie glauben, es sei leichter, zwei als nur einen Welpen aufzuziehen, täuschen Sie sich. Es ist viel mühsamer, zwei Welpen stubenrein zu bekommen, und auch schwieriger, ihnen konsequent die richtige Erziehung zuteil werden zu lassen. Holen Sie sich den zweiten Border dazu, wenn der erste bereits alle Lektionen kennt.

Wenn Sie gern doppelte Freude haben wollen und zwei Border besitzen möchten, wählen Sie nicht ein „Pärchen“. Bedenken Sie, daß die Hündin etwa alle sechs Monate heiß wird und Sie die Hunde trennen müssen, wenn Sie keine Welpen wollen. Außerdem darf die Hündin nicht alle halbe Jahr Junge aufziehen! Wenn Sie aber beide trennen müssen, leidet bestimmt der Rüde an Liebeskummer und heult oft und lange ganz erbärmlich. Aber selbst wenn Sie züchten möchten – wir gehen noch darauf ein –, eignet sich der Wurfbruder gewiß nicht für seine Schwester.

Häufig beschließen Tierliebhaber, die einen alten Hund besitzen, zu ihm oder ihr ein Jungtier anzuschaffen. Das ist aber nur dann eine gute Idee, wenn der Veteran den Neuzugang toleriert. Es wird ein paar Tage, vielleicht auch etwas länger dauern, dann findet der oder die „Alte“ die Aufmunterung und Gesellschaft des „Kleinen“ durchaus annehmbar. Doch manchmal klappt es überhaupt nicht. Der Senior bleibt eifersüchtig und ablehnend. Dann muß der „Neue“ wieder gehen, sonst ist für den Hundehalter die Belastung groß. Bei Border Terrier kommen diese Schwierigkeiten selten vor, aber da der Border etwas zur Eifersucht neigt, muß der Neuling sehr behutsam in die Gemeinschaft eingefügt und darf keinesfalls deutlich bevorzugt werden. Nach zwei oder drei Wochen gibt es dann kaun noch Probleme mit den beiden.

Der Kauf eines Border Terriers

Vorüberlegungen

Kaufen Sie Ihren Border Terrier nicht spontan! Informieren Sie sich zuvor über die Rasseeigenschaften und Wesensart dieser Terrier und lernen Sie die Hunde persönlich kennen.

Oft ist es für Interessenten nicht leicht, Züchteradressen zu erhalten. Potentielle Käufer können sich an den Klub für Terrier e. V. oder an den Verband für das Deutsche Hundewesen e.V. wenden, denen die Anschriften von Züchtern vorliegen und die gern Auskunft geben.

Eine andere Möglichkeit, die Rasse kennenzulernen, bietet sich auf Hundeausstellungen. Über die Termine solcher Veranstaltungen kann man sich ebenfalls bei den vorge-

Die Hundemutter präsentiert ihren Nachwuchs

nannten Vereinen erkundigen. Die Anschriften finden Sie im Anhang dieses Buches.

Auf den Ausstellungen (Zuchtschauen) können Sie sich die Border Terrier entweder im Vorführring während der Beurteilung durch den Zuchtrichter ansehen, oder Sie gehen zu den Boxen, wo die Hunde während des Tages untergebracht sind. Die kleineren Zuchtschauen des Klubs für Terrier (KfT) sind oft den großen internationalen Veranstaltungen vorzuziehen, weil es familiärer zugeht und die Züchter mehr Zeit für ein längeres Gespräch mit dem Interessenten haben.

Viele der Aussteller haben ihren Border Terrier selbst gezüchtet, so können Sie sich gleich erkundigen, wann Welpen erwartet werden oder ob welche abzugeben sind. Sie sollten einen Besuch beim Züchter verabreden. Dort sehen Sie die Zuchthunde und bekommen einen Eindruck von der Hundehaltung im Haus oder Zwinger. Sie können die Mutter der Welpen sehen, sei es, daß sie bereits welche hat oder welche erwartet. Vielleicht ist das Vatertier auch dabei, oder ältere Geschwister.

Seriöse Züchter sind gern bereit, die Zuchttiere vorzustellen, auf die sie mit Recht stolz sind. Werden Sie mißtrauisch, wenn Ihnen nur der verkäufliche Welpe präsentiert wird und Sie die anderen Hunde, vor allem die Mutterhündin, nicht sehen können.

Bei Ihrem Züchterbesuch beachten Sie den Umgang des Züchters mit seinen Hunden. Suchen Sie das Gespräch und stellen Sie Fragen, die Sie sich möglichst vorher notiert haben. Auch wenn Sie schon einen Hund gehalten haben, sollten Sie die Hinweise und Ratschläge des Züchters aufmerksam beachten, – besonders dann, wenn dieser die Rasse seit längerer Zeit züchtet.

Ganz wichtig ist solche Beratung für Hundehalter, die ihren ersten Hund anschaffen. Sie sollten alle Informationen annehmen, denn beim „ersten“ Vierbeiner wird leider sehr viel falsch gemacht und unbedacht gehandelt, weil die Erfahrung fehlt.

Problematisch wird die Beratung allerdings, wenn der Züchter selbst noch Anfänger ist und wenig Erfahrung weitergeben kann. Aber vielleicht wird er Ihnen Personen nennen, die sich mit der Rasse gut auskennen und weiterhelfen können.

Der Erstkäufer eines Welpen oder Junghundes hat manchmal Schwierigkeiten, Züchter und ihre Hunde richtig zu beurteilen. Hier einige Beispiele: Je mehr Fragen Ihnen vom Züchter über die von Ihnen geplante Hundehaltung, nach zur Verfügung stehender Zeit für den Hund, nach Auslaufmöglichkeiten, Garten, Garteneinzäunung und ähnlichem gestellt werden, um so verantwortungsbewußter ist dieser Züchter gegenüber seinen Hunden, für die er

Welcher ist der Beste?

optimale Besitzer und Tierhaltung sucht. Es kann vorkommen, daß ein Züchter Ihnen abrät, einen Hund anzuschaffen oder Ihnen keinen geben will, weil die Bedingungen für artgerechte Aufzucht und Haltung nach seiner Meinung bei Ihnen nicht gegeben sind, – wenn beispielsweise der Welpe oder Junghund zu oft und zu lange allein bleiben muß, weil Sie berufstätig sind. Gibt Ihnen hingegen der Züchter schnell und kommentarlos den Welpen und streckt nur die Hand nach dem Kaufgeld aus, sollten Sie Ihrerseits skeptisch sein. Auch die telefonische Verkaufszusage, ohne irgendwelche Fragen gestellt zu haben, ist fahrlässig gegenüber dem Hund und seinem künftigen Besitzer.

Ebenso erfüllen Verkaufsanzeigen in Tageszeitungen unter „Tiermarkt“ nicht immer, was sie versprechen, und sind oft Angebote von Hundehändlern.

Dann gibt es die sogenannte „kleine Hobbyzucht“. Diese Bezeichnung ist völlig unlogisch, weil Hundezucht, selbst in kleinstem Rahmen, eine ernsthafte Sache und keinesfalls eine vergnügliche Freizeitbeschäftigung wie Basteln oder wie Briefmarkensammeln ist. Übrigens wird der Begriff „Hobbyzüchter“ von Kaufinteressenten manchmal ganz falsch verstanden. Er hat schon Käufer abgeschreckt, weil sie meinten, daß Welpen von solchen Züchtern weniger qualitätsvoll wären, denn es würde beim „Hobbyzüchter“ nicht mit genügend Kenntnissen gezüchtet. Andere glaubten ernsthaft, daß sie den Welpen aus einer Hobbyzucht kostenlos erhalten würden, denn der Züchter würde die Zucht doch als „Hobby“ betreiben und nicht kommerziell.

Meistens sind die Käufer eines Welpen ziemlich aufgeregt, wenn sie ihren Hund aussuchen oder übernehmen. Sie vergessen darauf zu achten, ob der kleine Rüde beide Hoden hat, und denken nicht daran, sich die Zahnstellung genau zeigen zu lassen. Später ist der Schreck groß, wenn beim Nachimpfen der Tierarzt darauf aufmerksam macht, daß Hoden oder Gebiß fehlerhaft sind. Bei einigen Züchtern ist die Reaktion auf solche Reklamationen äußerst unfreundlich – auch wenn es dem Züchter durchaus bekannt gewesen ist. Da im KfT jeder Wurf von einem Zuchtwart kontrolliert wird und im Alter von acht Wochen jeder einzelne Welpe überprüft und das Ergebnis protokolliert wird, ist es für den Käufer immer ratsam, sich dieses Protokoll vom Züchter vorlegen zu lassen. Im Protokoll sind auch Zahnstellung und die tastbaren oder noch nicht abgestiegenen Hoden erwähnt. Nur in seltenen Fällen korrigiert sich die Gebißform (Vor- oder Rückbiß), schon tastbare Hoden können noch wieder hochgezogen werden oder umgekehrt, etwas später absteigen. Man sollte deshalb die Hoden öfter kontrollieren. Eine Hormonbehandlung ist übrigens sinnlos, auch wenn Ihnen Ihr Tierarzt dazu rät. Achten Sie bei der

Der unschuldig fragende Blick des Welpen

Geschwister vereint

Welpenübernahme auch auf Nabel- oder Leistenbrüche. Die notwendige Operation geht selbstverständlich auf Kosten des Züchters.

Seriöse Züchter werden allerdings von sich aus sowohl auf eine inkorrekte Zahnstellung als auch auf Hodenfehler aufmerksam machen und einen Preisnachlaß anbieten. Die erwähnten Brüche sind in der Regel bereits operiert. In keinem Zwinger werden absichtlich fehlerhafte Welpen gezüchtet, aber mit Lebewesen kann immer Unerwartetes passieren. Deshalb kann man keinen Züchter dafür einen Vorwurf machen. Vorwerfen kann man ihm nur das Verschweigen von Mängeln und sein späteres Beharren auf dem Standpunkt: gekauft wie gesehen. Alle Züchter wissen, daß sie für bestimmte Fehler finanziell einstehen müssen.

Leider kommt es manchmal auch vor, daß der Welpenkäufer eine Enttäuschung ist. Er hat vom Züchter sehr genau erfahren, wie der Welpe zu füttern und zu erziehen ist, wann die nächsten Impfungen gemacht werden müssen und vieles mehr. Aber er hält sich nicht an die Ratschläge. Er sperrt seinen regennassen Junghund in den kalten Keller, damit dieser keinen

Schmutz auf den Teppich trägt. Er beachtet nicht, daß der Hund hustet und Schnupfen hat. Er hält sich an keinen Futterplan. Statt den Junghund richtig zu erziehen, gibt er ihn allein in eine Hundeschule und weiß hinterher nicht, wie der Hund zu leiten ist.

Oft hat sich der Hundehalter das Zusammenleben mit einem Vierbeiner leichter vorgestellt und ist verärgert, wenn das Tier nicht schnell genug stubenrein ist oder heult, wenn es allein gelassen wird. Dann wird der Hund geschlagen. Wenn der Besitzer überhaupt nicht mehr mit ihm zurecht kommt und das Tier verdorben ist, soll der Züchter zur Rücknahme bereit sein. Das führt oft zu ärgerlichen Auseinandersetzungen.

Leider tragen zum schlechten Image, welches den Züchtern gegeben wird, die Medien und manche Tierärzte viel bei. Immer und an allem ist der „böse, verantwortungslose und geldgierige Züchter" schuld.

Zuletzt noch ein Wort zu den Rufnamen von Welpen. Es ist allgemein üblich, daß der Züchter in Reihenfolge des Alphabetes seine Würfe mit Namen versieht. Der erste Wurf hat den Anfangsbuchstaben „A" für alle Welpennamen. Manchmal kommt es vor, daß sich Interessenten erkundigen, ob es denn schon der fünfte Wurf einer Hündin wäre, wenn die Jungtiere den Anfangsbuchstaben „E" in ihrem Namen haben. So ist es nicht. Der E-Wurf kann durchaus der erste Wurf einer Hündin sein, aber der fünfte Wurf des Zwingers. Würden sich die Anfangsbuchstaben immer auf eine bestimmte Hündin und deren Würfe beziehen, gäbe es nie einen „X"-, „Y"- oder „Z"-Wurf.

Im KfT ist es allerdings auch erlaubt, alle Namen aller gezüchteten Würfe und Welpen mit demselben Buchstaben anfangen zu lassen oder alle Namen in den Würfen einzelner Hündinnen jeweils mit einem bestimmten Buchstaben zu wählen.

Welpenauswahl

Sie haben sich also entschlossen, so einen kleinen Border Terrier zu Ihrem Hausgenossen zu machen. Auch der Züchter Ihres Vertrauens ist gefunden. Die Welpen wurden geboren und wachsen gesund und munter heran. Hin und wieder erkundigen Sie sich telefonisch nach dem Wohlergehen der vierbeinigen Familie.

Wenn möglich, sollten Sie aber die Hundekinder während dieser Zeit bis zur endgültigen Abgabe mindestens einmal, vielleicht sogar öfter besuchen. Melden Sie sich an, dann wird der Züchter auch Zeit für Sie haben. Doch sollten die Welpen mindestens vier Wochen alt sein. Beim ersten Besuch nehmen Sie nicht gleich die ganze Familie und Ihre Kinder samt Freunden mit. Das gibt für die Mutterhündin zu große Unruhe in der ersten Phase der Aufzucht. Außerdem kommt mit dem Züchter kein vernünftiges, informatives Gespräch zustande, und Sie können sich nicht auf die Welpen konzentrieren. Bedenken Sie, daß es sich nicht um einen Tierpark oder Zoologischen Garten handelt! Wenn die Welpen älter sind und sie die erste Schutzimpfung gegen Parvovirose erhalten haben, kann die ganze Familie den späteren Hausgenossen gern in Augenschein nehmen.

Übrigens noch ein Ratschlag: Ziehen Sie bei solchen Besuchen am besten alte Jeans an. Elegante Garderobe ist nicht geeignet für eine Meute junger Hunde. Zutrauliche und fröhliche junge Border Terrier werden mit Begeisterung an Ihren Beinen hochspringen. Sie tun es auch liebend gern, wenn sie schon erwachsen sind, und es ist ihnen schwer abzugewöhnen. Eine amerikanische Autorin schrieb über diese Rasse unter anderem: Wenn Sie anspringende Hunde nicht mögen, sind Border Terrier nichts für Sie.

Nun zu den Welpen. Es ist nicht leicht, sich von diesen kleinen Wollbündeln mit den Pelzgesichtern einen auszusuchen. Manchmal klärt sich

„Überfall“ auf die Mutter

Welpe mit typischem Kopf

das dadurch, daß nur ein Welpe des gewünschten Geschlechtes im Wurf ist. Sonst hat man die Qual der Wahl. Und worauf soll man achten?

Keinesfalls darf man einen Welpen wählen, der sich vor dem Besucher verkriecht, – welche Erklärung auch immer der Züchter dafür haben mag. Border Terrier sind extrovertierte Hunde vom Babyalter an, und Scheuheit ist absolut untypisch für diese Rasse. Es kommt darauf an, ob Sie einen Familienhund suchen oder einen späteren Zucht- und Schauhund im Wurf zu finden hoffen. Dazu braucht man jedoch Erfahrung, und diejenigen, für welche dieses kleine Buch geschrieben wurde, haben selten von Anfang an die Absicht, zu züchten und auszustellen. Deshalb lebt auch mancher sehr schöne Border Terrier im Verborgenen.

Ein besonderes Markenzeichen ist für die Rasse der otterähnliche Kopf. Sie dürfen ihn bei Ihrer Auswahl deshalb nicht übersehen. Wichtig ist der Körperbau, der eher einem Rechteck als einem Quadrat entsprechen, also nicht rückenkurz sein soll. Der Körper darf nicht schwer wirken. Manche Welpen sind viel zu fett gefüttert und erscheinen sehr plump. Sie haben oft auch zu schwere Knochen, was besonders an den sehr kräftigen Läufen und großen Pfoten zu erkennen ist. Eine vernünftige Aufzucht kann das aber noch korrigieren. Das Gegenteil ist ein zu leichter Körper mit dünnen Knochen. Richtig wäre ein schlankes Gebäude und ein nicht zu kurzer Rücken, gerade Läufe und eine nicht zu breite Front, so daß der Körper ausgewogen erscheint. Die Hinterhand soll kräftig, aber nicht übermäßig gewinkelt sein. Im Rassestandard wird sie als „flüchtig" beschrieben. Es meint jedoch nicht, daß Kniegelenk und Hacken steil gestellt sind.

Die Rute kann man zu diesem Zeitpunkt oft noch nicht beurteilen, weil Jungtiere meist eine sehr vergnügte Rutenhaltung zeigen. Der Rutenansatz sollte nicht tief liegen und die Rute nicht lang sein. Ein hoffnungsvolles Borderbaby hat zumeist kleine, feste, runde Pfoten. Plattfüße sind unerwünscht. Sie entstehen manchmal dadurch, daß die Zehennägel nicht geschnitten wurden. Sie können gut die rassetypische, dicke, lose Haut bei den Welpen feststellen. Hat der Züchter bereits das erste, flusige Haar abgezupft, fühlen Sie das spätere harsche Haar schon jetzt. Ein Border Terrier bewegt sich von Jugend an leichtfüßig und flink.

Wenn Sie die genannten Punkte beachtet haben, wenden Sie sich nochmal dem Kopf für die engere Wahl zu: Die Ähnlichkeit mit einem Otter soll stark ausgeprägt sein. Die Schnauze muß kurz, kräftig und stumpf sei. Der Oberkopf ist doppelt so lang, nicht schmal, aber auch nicht zu breit und rund. Die mittelgroßen

Übernahme: Ein 10 Wochen alter Welpe wird abgeholt

Augen sind weder schwarz noch hellbraun, eher von dunklem Haselnußbraun. Seitlich am Schädel, weder zu hoch noch zu tief angesetzt, liegen die mittelgroßen Ohren fest an.

Achten Sie nun noch auf ein kräftiges Scherengebiß mit breiten Kieferbögen. Zwar ist bei Border Terriern auch ein Zangenschluß der Zähne erlaubt, jedoch sollte man das Risiko vermeiden, daß sich diese Zahnstellung beim Welpen zu einem Vorbiß beim erwachsenen Border während des Wachstums entwickeln kann. Alle diese genannten Merkmale sind wichtig, aber noch wichtiger ist für Sie, daß Ihr künftiger Begleiter und Hausgenosse das typische gute Wesen dieser Rasse besitzt. Das macht den größten Wert aus.

Aufzucht

Je sorgfältiger und besser der junge Border Terrier aufgezogen wird, um so besser und gesünder ist der erwachsene Hund. Border Welpen dürfen zunächst noch ein wenig pummelig sein, aber niemals massig wirken. Ihr Körper muß schlank und rank erscheinen. Ebenso falsch wie zu dicke sind zu mager aufgezogene Welpen. Man muß die goldene Mitte wählen. Bis zum Alter von fünf oder sechs Monaten kann jeder junge Hund ein bißchen Babyspeck vertragen. Dann beginnt man mit ihm, längere Spazierwege zu gehen, und er bekommt seine richtige Figur. Bei zu stark gefütterten Junghunden besteht die Gefahr, daß sie zu rundrippig werden, und das ist bei dieser Rasse nicht erwünscht.

Ein Border Terrier soll nie dick und rund sein. Wenn der acht oder zehn Wochen alte Border zu Ihnen in sein neues Zuhause kommt, ist er

Border Terrier sind Meutehunde – auch in der Küche

noch ein richtiges Baby. Aber trotz Trennung von Mutter und Geschwistern ist er nur selten heimwehkrank. Die neue Umgebung beeindruckt ihn, und seine Neugier und sein Tatendrang lassen ihn Vergangenes schnell vergessen.

Schleppen Sie ihn nicht dauernd auf dem Arm herum. Er will sehr gern die neue Welt auf seinen eigenen vier Beinen erkunden. Nur wenn ein junger Hund verängstigt ist, bringt man ihn auf dem Arm an das Neue heran und redet ihm in ruhigem Tonfall gut zu, bis er die Scheu verloren hat. Doch junge Border Terrier sind kesse, furchtlose, neugierige Hunde und durchaus nicht zimperlich.

Nehmen Sie den jungen Border nie an seinen Vorderläufen hoch. Stützen Sie vielmehr mit der einen Hand sein kleines Hinterteil und mit der anderen Hand die Vorbrust unterhalb der Kehlpartie und heben Sie ihn so hoch. Halten Sie ihn in den ersten Wochen möglichst von steilen Treppen fern. Beim Abwärtsklettern könnte er die Balance verlieren und herunterpurzeln. Hat der junge Border nach der Mahlzeit sein „Geschäft“ gemacht, will und soll er schlafen. Lassen Sie ihn also in Ruhe. Welpen brauchen ebensoviel Schlaf wie kleine Kinder. Spielen und toben Sie mit ihm, oder machen Sie mit ihm einen kleinen Spaziergang, bevor er gefüttert wird. Das regt den Appetit an – obwohl das nicht unbedingt nötig ist, weil ein gesunder junger Border Terrier immer Hunger hat. Jedenfalls soll er sich nach der Fütterung nur noch lösen und dann schlafen.

Hundespielzeug kann zu Problemen führen. Die Industrie bringt alles mögliche Spielzeug auf den Markt, und der noch unerfahrene oder unbedachte Hundebesitzer meint, daß alles, was in Hundesportartikel-Läden angeboten wird, gut ist. Leider stimmt es nicht.

Schon viele Hunde sind elend krank geworden, weil sie die verflixten Gummitiere oder Bälle zerbissen und Stücke davon heruntergeschlungen haben. Gegen Spielzeug oder Knochen aus Rinderhaut (Büffelhaut) ist nichts einzuwenden, nur sehen die belutschten und bekauten Teile bald nicht mehr sehr appetitlich aus. Eine Alternative sind Kauhufe, getrocknete Ohren, Ochsenziemer und getrockneter Pansen.

Man kann sich Spielzeug für seinen Vierbeiner auch selbst machen: Aus einem alten Handtuch oder Leinenstück ist mit etwas Geschick leicht eine großartige „Puppe“ zu knoten, die der Hund stolz überall hinschleppt und nachts in sein Hundebett zerrt.

Ebenso ist ein gut abgekochter Ochsenbeinknochen (Markknochen) mit einem durch die Röhre gezogenen Lappen, den man verknotet, leicht zu einem beliebten Spielzeug gemacht. Alle jungen und viele ältere Hunde toben gern hinter Bällen her und lernen, sie zu apportieren. Oft benutzen die Hundebesitzer bei dieser Jagerei Tennisbälle. Man sollte aber farbige Tennisbälle waschen, weil die Farbe giftige Substanzen enthält. Border schälen in Windeseile den Stoff vom Tennisball ab und zerkauen dann das Gummi! Also Vorsicht!

Während des Zahnwechsels (viereinhalb bis sechseinhalb Monate) hält ein schöner, großer Kalbsknochen, den der junge Border benagen kann, ihn davon ab, Gegenstände zu bekauen. Mit dem Knochen ist er gut beschäftigt, das Nagen lockert die ersten Zähne rechtzeitig und festigt Kiefer und Zahnfleisch. Gerade in der Zeit des Zahnwechsels hat jeder junge Hund das Bedürfnis, alle möglichen Dinge zu beknabbern. Ein Knochen lenkt ihn davon ab, Teppichecken oder Stuhlbeine zu benagen. Ältere Hunde vertragen häufig keine Knochen. Sie erbrechen leicht oder reagieren mit Verstopfung. Ersatzweise kann man große Hundekuchen geben, die gleichzeitig für die Zahnpflege gut sind.

Viele junge Hunde vertragen keine Autofahrten. Sie gewöhnen sich erst langsam daran. Keinesfalls dürfen sie

Mit einem Kauknochen kann sich ein junger Hund lange beschäftigen

Ausruhen
nach dem Spiel

deshalb vor einer Autoreise gefüttert werden. Vor längeren Touren kann man ihnen ein Kinderzäpfchen gegen Auto-, See- und Luftkrankheit einführen. Der Hund bekommt seinen Platz auf dem Rücksitz, niemals im geschlossenen Kofferraum! Auch an den heißesten Tagen wird ihm nicht erlaubt, seinen Kopf während der Fahrt aus dem geöffneten Fenster zu hängen. Böse Augenentzündungen sind sonst die Folge. Niemals darf ein Hund bei warmem, sonnigem Wetter im Auto gelassen werden. Er kann einen Hitzeschlag erleiden und sterben.

Von klein an wird dem Border Terrier beigebracht, nur an der rechten Seite – nie an der dem Straßenverkehr zugewandten Fahrseite – aus dem Auto zu springen. Bis Autotür oder Heckklappe geöffnet werden, heißt es immer „Sitz“ oder „Warte“. Seien Sie ganz konsequent! Bedenken Sie, wie flink ein Border Terrier ist und wie schnell er auf der Fahrbahn unter die Räder kommen kann. Da gibt es leider viele Beispiele.

Alle Hunde brauchen Auslauf und Bewegung im Freien. Ein Border fordert das auch. Solange Sie aber noch nicht sicher sind, daß Ihr Border Terrier sofort auf Ruf gehorcht, darf er nicht von der Leine gelassen werden. Er bekommt genug Bewegung, auch wenn Sie ihn nur an der Leine

Fünf Monate alter Border Terrier

führen. Sie sollten dann in flottem Tempo gehen, damit er selbst in leichtem Trab laufen kann.

Alle Terrier machen gern lange Wanderungen mit ihren Besitzern. Der Border bildet da keine Ausnahme und scheint überhaupt nicht zu ermüden. Aber es wäre töricht, schon einen zehn oder zwölf Wochen alten Welpen kilometerweit mitlaufen zu lassen. Mit kleinen Kindern macht man das ja auch nicht. Ein Jungtier soll langsam an weitere Wegstrecken gewöhnt werden. Hier ist es wie bei der Fütterung: lieber öfter wenig, als zuviel auf einmal. Wenn Sie zuerst mit Ihrem Border Welpen auf die Straße gehen, werden Sie ganz sicher von Hundefreunden und Hundebesitzern angesprochen und mit tausend guten Ratschlägen überschüttet. Vergessen Sie alles.

Wenn Sie wirklich noch Fragen zur Aufzucht und Pflege oder Erziehung haben, wenden Sie sich an den Züchter Ihres Border Terriers oder an den Zuchtverein (der KfT hat an allen größeren Orten Untergruppen, deren Mitglieder Ihnen sachkundige Auskunft geben können). Bei den Straßengesprächen werden Sie feststellen, daß jeder etwas anderes sagt oder rät, und Sie sind dann nicht klüger als zuvor.

Erziehung

Jeder Hund muß so gut erzogen werden, daß er nicht unangenehm auffällt und durch ihn die Zahl der Hundegegner gemindert wird.

Sobald Ihr vierbeiniger Gefährte, der Border Terrier, ins Haus kommt, beginnt seine Erziehung. Denken Sie nicht, er sei zu jung dafür und später sei auch noch Zeit. Das stimmt nicht! Ganz schnell nutzt Ihr kleiner Border es aus, wenn man ihm zunächst alles erlaubt und sogar Gefallen daran findet, daß er Dummheiten macht. Später ist das nicht mehr ohne Strafe zu korrigieren.

Deshalb muß das Jungtier von Anfang an so gehalten werden, daß es begreift, was es darf und was es nicht tun soll. Auf diese Weise wird ein Hund durchaus nicht „dressiert", sondern konsequent erzogen, mit Geduld und Festigkeit und in aller Ruhe. Dazu gehört eine freundliche, manchmal auch strenge, energische Stimme.

Ihr kleiner Border Terrier unterscheidet den Tonfall sehr schnell. Die kessen, kleinen Ungezogenheiten, die er vielleicht begeht und über die man lachen möchte, sind dem erwachsenen Hund schwer wieder abzugewöhnen und können dann sehr lästig sein. „Was Hänschen nicht lernt, lernt Hans nimmermehr", das gilt auch unter Hunden.

Zuerst muß Ihr junger Border begreifen, daß er seine dringenden Geschäfte draußen machen soll und Ihren Teppich nicht mit Rasen oder Wiese verwechseln darf. Um den Welpen möglichst bald stubenrein zu bekommen, muß man wissen, daß er sich immer nach den Mahlzeiten und dem Schlafen lösen wird. Also führt man ihn dann hinaus. Außerdem gilt als Regel, ihm alle zwei Stunden die Gelegenheit zu geben, draußen seinen kleinen See oder das Häufchen machen zu können. Manchmal verspielt sich der kleine Kerl mit raschelnden Blättern, kleinen Zweigen, anderen Tieren oder vorübergehenden Menschen und vergißt, seine „Geschäfte" zu erledigen. Dann müssen Sie Geduld haben und warten, bis er endlich was macht. Sonst passiert es gleich darauf im Haus.

Wenn Sie einen Garten haben, führen Sie Ihr Border-Baby schon am erste Tag an einen Platz, wo er sich lösen kann, und gehen Sie in der nächsten Zeit immer wieder mit ihm dorthin. Dann weiß er, was er dort soll. Hat er seinen „See" oder einen „Dampfer" gemacht, wird er sehr von Ihnen gelobt. Das merkt er sich.

Ein normaler, gesunder Welpe wird bei richtiger Hundehaltung schon in wenigen Tagen stubenrein sein. Ein Malheur kann trotzdem mal passieren, aber immer seltener.

Die Erziehung zum sauberen Haushund ist bei vorher ausschließlich im Zwinger gehaltenen Hunden oftmal schwieriger. Doch auch sie werden sauber, wenn sie regelmäßig hinausgeführt werden und mit Lob nicht gespart wird. Stecken Sie bitte Ihrem Hund *niemals* die Nase in seine Pfütze, wenn er sich mal im Haus vergessen hat! Es nützt überhaupt nichts, aber es demütigt ihn unnötig. Wie schnell Ihr junger Border Terrier stubenrein ist, liegt bei Ihnen und Ihrer geduldigen Konsequenz.

Jeder Hund, ob groß oder klein, jung oder alt, muß seinen bestimmten Liegeplatz haben. Schon dem Welpen wird beigebracht, sich dort hinzulegen, wenn es heißt: Geh an deinen Platz. Zuerst wird man ihn vielleicht hintragen müssen, bis er dem Kommando folgt. Ein kleiner Hundekuchen oder Kauknochen sind bei der Lektion eine gute Hilfe. Bleibt er dann auf seinem Platz, wird er natürlich gelobt. Welche Worte Sie für Lob oder Tadel benutzen wollen, ist unwichtig, nur dürfen diese Worte nicht ständig wechseln. Denn damit würden Sie den Hund verunsichern, und er folgt überhaupt nicht mehr.

Sein Lager muß sauber und trocken sein. Es wird in einer zugluftfreien Ecke bereitet, und zwar nicht unmittelbar auf Steinfußboden. Bekommt der Border seinen Schlafplatz in der Küche oder in der Diele, müssen Korb oder Kiste auf niedrigen Beinen stehen und eine isolierende Unterlage unter Hundematratze oder Wolldecke gelegt werden. Kalte Fliesen oder Steinbelag ohne Fußbodenheizung können spätere Nierenschäden verursachen.

Border Terrier sollten nicht als Zwingerhunde leben. Man hält sie auch nicht als Wachhunde, sondern es sind überwiegend Gesellschafts- und Begleithunde in der Familie. Einige von ihnen eignen sich als Jagdhunde ganz vorzüglich, obwohl sie trotzdem im Haus gehalten werden. Wenn aber Platz dafür vorhanden ist, wäre ein gut eingezäunter Auslauf von einigen Quadratmetern durchaus zweckmäßig, um den Border mal unbeaufsichtigt draußen allein lassen zu können. Solch Zwinger darf natürlich nicht der prallen Sonne ausgesetzt sein, und es sollte eine kleine Hütte geben, in die er sich zurückziehen kann, wenn es regnet. Total unvernünftig ist es, wenn der Border beispielsweise im Winter tagsüber in der geheizten Wohnung als Spielgefährte für die Kinder gehalten wird und über Nacht im kalten Zwinger bleiben soll!

Kaufen Sie für Ihren jungen Border Terrier zuerst keinen aufwendigen Hundekorb. Er wird die Korbränder

Abgelegt

so gründlich benagen, daß nur noch der Boden übrig bleibt. Anfangs genügt eine glattgehobelte Kiste aus splitterfreiem Holz mit entsprechender Einlage aus maschinenwaschbarem Vetbed oder einer Wolldecke. Sie könnten auch eine sogenannte Transport-Box mit verschließbarem Einschlupf, der nachts zugemacht wird, wählen. Das wäre gleichzeitig eine Hilfe beim Sauberwerden, denn nur im äußersten Notfall wird der Hund seinen Schlafplatz beschmutzen. Liegt er aber in einem Korb oder einer offenen Kiste, so steigt er aus, macht ein paar Schritte entfernt seinen See und springt wieder in sein sauberes Hundebett. Deshalb ist es ratsam, wenn Sie keine Box benutzen wollen, dem Welpen neben seinem Lager einige ausgebreitete Zeitungen hinzulegen, damit er darauf nachts notfalls sein Geschäft verrichten kann.

Es gibt viele Tierfreunde, bei denen die Hunde auf Sessel, Couch oder Bett schlafen dürfen. Das ist Geschmacksache. Doch wenn Sie dem kleinen, neu erworbenen, von Hundemutter und Wurfgeschwistern getrennten und so hilflos wirkenden Welpen in den ersten Nächten Platz auf Ihrem Bett machen, werden Sie anschließend ein paar Wochen brauchen, um ihm das wieder abzugewöhnen. Mutter und Geschwister hat er nach wenigen Tagen vergessen. Ihr warmes, weiches Bett vergißt er nie!

Falls Ihr kleines Fellbündel in den ersten Nächten weint, sollten Sie sein Hundebett neben Ihr eigenes stellen und ihn streicheln oder ihm gut zureden, wenn er jammert. Nach kurzer Zeit hat er sich eingewöhnt und kann nachts an dem für ihn bestimmten Platz bleiben. Übrigens nehmen junge Border Terrier den Ortswechsel fast immer ganz problemlos hin und machen keine Schwierigkeiten.

Will man seinem Border Terrier erlauben, auf Polstermöbeln zu liegen, sollte man einen bestimmten Sessel aussuchen und dem Hund beibringen, daß erst seine Decke darauf ausgebreitet werden muß, bevor er – „hopp" – hinaufspringen darf. Alle anderen Sitzgelegenheiten sind „nein" oder „pfui".

Bleiben Sie konsequent. Launenhafte Erziehung, die mal erlaubt, was dann wieder verboten sein soll, ist für Hunde ebenso verkehrt wie für Kinder.

Das Futter wird dem Hund stets am gleichen Platz gegeben. Während Sie die Futterschüssel dorthin tragen, rufen Sie Ihren Border bei seinem Namen oder locken ihn mit einem bestimmten Pfiff zur Fütterung. Weil die Annehmlichkeit einer Mahlzeit für den Hund mit Ruf oder Pfiff verbunden zu sein scheint, lernt er gleichzeitig, Ihrem Ruf zu folgen. Deshalb sollten Sie auch im Garten oder bei Spaziergängen zunächst kleine Hundekeks bei sich haben, damit Sie Ihren Border stets für seinen Gehorsam belohnen können.

Folgt der Welpe nicht gleich Ihrem Ruf, dürfen Sie ihn nicht strafen, wenn er erst nach einigen Kapriolen zu Ihnen kommt. Allzuoft erlebt man unbeherrschte Hundehalter, die ihr Tier sogar schlagen, wenn es endlich folgt. Solche Hunde werden zu Duckmäusern und kriechen verängstigt zu ihrem Besitzer, weil sie Strafe erwarten.

Im Border Terrier finden Kinder immer einen Spielpartner

Das Benehmen und Verhalten Ihres Border Terriers gegenüber Fremden, Besuchern und Kindern können Sie lenken. Lebhafte Freude ist ein typisches Verhalten dieser Rasse. Border lieben Kinder. Sie springen an allen Besuchern hoch und zeigen ihre Sympathie. Was man ihnen jedoch abgewöhnen sollte – mit einem energischen „pfui“ oder sogar mit einem Klaps –, ist das Abschlecken des Gesichtes bei der stürmischen Begrüßung, denn solche Hundeküsse sind selbst bei großen Tierfreunden nicht sehr begehrt.

Border Terrier sind keine starken Kläffer, besonders nicht bei Einzelhaltung. Werden sie jedoch zu oft und zu lange allein gelassen, können sie sich andauerndes und nachbarschaftsfeindliches Bellen und Heulen angewöhnen. Besonders leicht tritt das bei Zwingerhaltung ein.

Jeder Fremde, der sich Ihrem Haus nähert, wird von Ihrem Border bemerkt. Trotzdem sind sie als Wachhunde nicht sehr geeignet, weil sie eher zu freundlicher Begrüßung als zur Abschreckung bereit sind. Der Border lernt den Befehl „aus“ ziemlich schnell, mit dem man ihm zu häufiges oder unnötiges Bellen abgewöhnen kann. Völlig stumm ist wohl kaum ein normaler Hund.

Border Terrier sind Kinderfreunde. Zwar behaupten das alle Autoren, die über ihre spezielle Rasse schreiben, weil das ein gutes Image entspricht, doch ist es beim Border eine allgemein anerkannte Tatsache ohne Schönfärberei. Sollte es mit Kindern und Bordern Schwierigkeiten geben, sind die Erwachsenen samt ihrer Kindererziehung daran schuld. Kein Hund läßt sich gern ärgern und triezen, ohne zu reagieren. Nicht nur den eigenen Kindern, sondern auch deren Freunden und Nachbarskindern muß der Umgang mit Hunden erklärt werden. Es sind nur ganz wenige Kinder, die keine Tiere lieben.

Leider gibt es unvernünftige Hundebesitzer, die schon ihre Jungtiere anfeuern, sich bei Begegnungen mit anderen Hunden zu wehren oder sogar anzugreifen. Dabei bewundern sie den Mut ihres eigenen Tieres. Hat solch Hund dann einige Erfolgserlebnisse gehabt, ist er schwer zu zügeln und kann, wenn erwachsen und selbstbewußter, deutlich bissig werden. *Das* hatten die Hundebesitzer nicht im Sinn gehabt, also lautet dann ihr Urteil: Die Rasse taugt nichts. Darin zeigt sich eine grundverkehrte Auffassung. Kein Hund ist von Natur böse; aber falsche oder gedankenlose Erziehung und Haltung können ihn so machen.

Meistens sind Border und Kinder ein unzertrennliches Team. Zum Glück kann ein Border Terrier auch mal einen Knuff vertragen, der sich im Eifer des Tobens ergibt. Da Hunde Beutejäger sind, hetzen sie gern hinter laufenden Kindern her und erschrecken diese. Das ist häufig auch ein Problem mit Joggern und gibt Anlaß zu Ärger. Mit einiger Energie kann es dem Hund aber abgewöhnt werden, solche Verfolgungsjagden zu veranstalten.

Es sollte eigentlich keine Schwierigkeiten geben, wenn nach dem Border Terrier noch ein Baby in die Familie kommt. Allerdings darf man den Hund nicht zurücksetzen und die ausschließliche Aufmerksamkeit nun dem Kind widmen. Läßt man vielmehr den Border an allem teilhaben, was das Baby betrifft, wird er den Familienzuwachs schnell akzeptieren. Wie gern liegt ein Border in unmittelbarer Nähe vom Kinderbett, um das Baby zu beobachten und zu beschützen. Bei vernünftiger Kindererziehung und richtiger Hundehaltung kann solch Zusammen-Aufwachsen nur positiv sein.

Die wenigsten Welpen sind an Halsband und Leine gewöhnt, wenn sie zu ihren neuen Eigentümern kommen. Neben Stubenreinheit ist Leinenführigkeit die nächste, wichtige Lektion für den jungen Hund. Heutzutage ist selbst in der kleinsten Kleinstadt oder auf dem Dorf der Autoverkehr so groß, daß kein Welpe oder Jungtier freilaufend auf die Straße geführt werden kann. Auch erwachsene Border Terrier sollen in Verkehrsnähe immer an der Leine gehalten werden. Border sind neugierige, interessierte, lebhafte Hunde, die beispielweise blindlings über die Straße laufen, wenn auf der anderen Seite Kinder oder Hunde gehen, die sie begrüßen möchten. Immer wieder werden Hunde überfahren, weil ihre Besitzer unvernünftig sind und die Gefahren für ihr Tier nicht realisieren wollen.

Zum Freilaufen ohne Leine gehört der absolute Gehorsam. Zuerst folgt das Border-Terrier-Jungtier seinem neuen Besitzer dichtauf bei jedem Schritt. Aber das bleibt nicht so. Der heranwachsende Hund will seine Umgebung näher in Augenschein nehmen und gehorcht nicht mehr sogleich. Der erste, ganz enge Kontakt zu seinem Eigentümer, bei dem der Welpe oder Junghund instinktiv Schutz sucht wie vormals bei seiner Mutter, löst sich. Deshalb muß die Erziehung konsequent durchgeführt werden, damit der Border nicht anfängt, eigene Wege zu gehen, sondern seinem Herrn weiter bedingungslos folgt und gehorcht. Hat er das begriffen, kann er in geeignetem Gelände auch ohne Leine laufen.

Es ist übrigens viel leichter, den Welpen an Halsband und Leine zu gewöhnen als den halbwüchsigen Hund. Man legt dem jungen Border Terrier im Haus ein schmales, weiches Halsband um und lenkt ihn mit eine Spielerei ab. Wenn er sich an das Halsband gewöhnt hat, knipst man eine dünne, leichte Leine daran fest und versucht, im Zimmer oder im

Auch andere Hunde können bei der Erziehung mithelfen

Garten ein paar Schritte mit ihm zu gehen. Man kann einen Ball vor ihm hinrollen oder ihn mit einem Häppchen locken. Die meisten jungen Border lernen sehr schnell, an der Leine zu laufen. Manche marschieren ohne sich zu sträuben sofort los. Andere strapazieren unsere Geduld etwas länger. Einige stellen sich zuerst ganz stur und gehen keinen Schritt. Sie lernen es aber alle! Wichtig ist, daß der Hundehalter nicht ungeduldig wird oder nachgibt. Auch darf er nicht böse werden, wenn es nicht gleich klappt, und sollte den kleinen Kerl keinesfalls zerren oder ziehen. Um so länger dauert die Lektion. Das Zauberwort heißt Geduld.

Um dem Border Terrier das Vergnügen bieten zu können, ohne Leine zu laufen, muß er vorher gelernt haben, sofort auf Ruf oder Pfiff zu folgen. Bei solchen Gehorsamsübungen im freien Gelände ist eine zehn Meter lange Leine eine gute Unterstützung. Wenn er nicht gleich auf Ihren Befehl, zu kommen, reagiert, können Sie ihn zu sich heranziehen und mit einem Leckerle belohnen sowie natürlich sehr loben. Je öfter Sie üben, um so schneller klappt es. Aber glauben Sie nicht, daß eine lange Leine generell für Ihren Border besonders gut ist.

Die vorerwähnte 10-Meter-Leine soll nur zu Übungszwecken verwendet werden. Die Unsitte, mit den verlängerbaren Flex-Leinen einen Hund im Straßenverkehr zu führen, ist scharf zu kritisieren.

Auf Straßen und öffentlichen Wegen gehört jeder Hund an eine normal kurze Leine, damit er weder Menschen noch Verkehr behindern kann. Wenn bei diesen Patentleinen der Mechanismus plötzlich nicht funktioniert oder sich versehentlich die Leine verlängert, können Passanten darüber stolpern und sogar stürzen oder der Hund kann auf die Fahrbahn springen und von einem Auto erfaßt werden. Es sind genügend solcher Fälle bekannt.

Vermeiden Sie es, wenn Sie mit Ihrem Hund unterwegs sind, daß dieser an Zäunen oder Hauseingängen sein Bein hebt oder Vorgärten und Bürgersteige sowie die Wege in Parks beschmutzt. Wenn man bemerkt, daß er sich lösen will, führt man den Hund an die Seite. Den Hundehaufen sollte man selbst schnellstens entfernen. Nehmen Sie Rücksicht auf andere.

Hunde allein zu Hause und während des Urlaubs

Wer wenig Zeit hat und einen Hund tagsüber allein lassen müßte, weil er berufstätig ist, darf sich keinen Hund anschaffen. Besonders hart klingt dieser Satz für Alleinstehende. Aber wenn Sie keine tierlieben Freunde oder Nachbarn haben, die sich um Ihren Border Terrier kümmern, und Sie selbst nur morgens und abends etwas Zeit für ihn haben, sollten Sie auf Hundehaltung verzichten. Natürlich muß jeder Hund mal für ein paar Stunden allein gelassen werden können, doch wenn er nur am Wochenende ein richtiges Hundeleben führt, ist er zu bedauern. Keinesfalls kann ein junger Hund mit dieser „freudlosen Jugend" fertigwerden.

Ein älterer Hund, der sich plötzlich umstellen muß, weil nun vielleicht auch sein Frauchen berufstätig wird, der aber schon lange im Hause gehalten wurde, kann sich damit abfinden. Einem Welpen oder Junghund darf man das nicht zumuten.

Wie lernt der junge Hund am schnellsten gelegentliches Alleinsein? Nach dem Fressen haben alle Hunde ein deutliches Schlafbedürfnis. Das könnte man zunächst ausnutzen, indem man den jungen Hund auf sein Lager bringt, die Tür zum Raum schließt und sich sehr ruhig in der Wohnung verhält. Sie können es auch nach dem Spielen oder nach einem Spaziergang üben und ihn mit

Allein zu Haus

In Gesellschaft fällt das Warten leichter

seinem Spielzeug, einem Knochen oder Hundekuchen, zu seinem Schlafplatz bringen und ihn dann allein lassen. Wahrscheinlich wird er erst anfangen zu wimmern oder zu bellen, wenn er ausgeschlafen hat und ihm Knochen oder Spielzeug zu langweilig geworden sind. Dann gehen Sie zu ihm, reden energisch auf ihn ein, befehlen ihm „Ruhe“ oder „still sein“ und verlassen ihn erneut. Das muß richtig konsequent geübt werden. Nur wenn das Jungtier zu lange still und scheinbar artig ist, schaut man lieber mal nach ihm; vielleicht hat es inzwischen etwas zerrissen oder sonst etwas angestellt.

Übrigens möchte ich hier nochmals an die schon erwähnte Transportkiste erinnern. Wenn sie ohnehin als Schlafplatz benutzt wird, kann Ihr Terrier auch während der „Allein-sein-Übungen“ hineingesetzt und die Tür verschlossen werden. Das hat sogar den Vorteil, daß er keine Gegenstände anfressen, keine Steckdosen (man muß sie vor jungen Hunden ebenso schützen wie vor Kindern), Lampenschnüre oder Fernsehkabel zerbeißen oder sein „Geschäft“ machen kann, wenn er sich langweilt. Das Einsperren darf allerdings wirklich nur zur Einübung geschehen; auf Dauer ist die Kiste natürlich kein Platz für einen Hund während seines Alleinseins.

Wenn Ihr Terrier es gelernt hat, allein im Zimmer zu bleiben, ohne großes Spektakel zu machen, beginnen Sie damit ihm beizubringen, auch ganz allein im Haus oder in der Wohnung zu bleiben. Klappen Sie deutlich die Haustür zu, als verließen Sie Wohnung oder Haus. Er muß glauben, völlig allein zu sein. Vielleicht bleibt er still, weil er es inzwischen schon begriffen hat, daß das Alleinsein nicht ewig dauert. Sonst gehen Sie zu ihm und befehlen „Ruhe" oder „still sein". Dann gehen Sie erneut fort. Nur ganz schrecklich verzogene Terrier werden diese Lektion nicht begreifen wollen. Normalerweise bleiben sie alle mal für eine Weile allein. Je nach Temperament dauert die Erziehung etwas länger, aber mit Ausdauer und Geduld erreicht man immer, daß der Terrier allein bleibt, ohne zu heulen und pausenlos zu kläffen. Doch wie gesagt: Früh übt sich, was ein Meister werden will!

Wohin mit dem Hund im Urlaub? Vielleicht haben Sie diese Frage schon beim Kauf Ihres Terriers gelöst, weil manche Züchter bereit sind, die von ihnen gezogenen Hunde später wieder in Pension zu nehmen. Vielleicht ist er bei Freunden oder Bekannten gut, sicher und gern untergebracht. Wenn das alles nicht möglich ist, bleibt das Tierheim oder die Hundepension. Leider kommen die Hunde häufig verfloht oder verlaust von dort zurück. Oft haben sie sehr abgenommen. Letzteres liegt allerdings meist am Hund selbst. Es gibt viele Hunde, die richtig heim-

Rast im Gebirge

wehkrank werden und jedes Futter verweigern.

Der Hund hat nicht begriffen, warum er fortgegeben wurde, warum er in einer neuen Umgebung ist, weshalb sich nicht viel um ihn gekümmert wird. Nichts entspricht seinen Gewohnheiten, auch das Futter sicher nicht. Nach ein paar Tagen ergeben sich allerdings die meisten Hunde in ihr Schicksal.

Am schönsten ist es für den Vierbeiner, wenn Sie ihn mit in Ihren Urlaub nehmen. Es gibt viele Hotels und Pensionen, die nichts gegen wohlerzogene Hunde einwenden. Allerdings sollten Sie auch so rücksichtsvoll sein, ihn nicht mit in den Speiseraum zu nehmen und dafür zu sorgen, daß Ihr Hund andere Gäste nicht belästigt. Jetzt werden Sie merken, wie wichtig eine gute Erziehung für Ihren Terrier war! Und bei dieser Gelegenheit bewährt sich wieder die Transportkiste. Ihr Terrier freut sich über seinen gewohnten Schlafplatz, und während Sie beim Frühstück sitzen, kann das Zimmermädchen aufräumen und Betten machen, ohne sich vor Ihrem Hund fürchten zu müssen und ohne daß Sie besorgt sind, daß fahrlässig eine Tür offen steht und Ihr Tier fortläuft.

Bei Reisen an die See wird es vielleicht einige Schwierigkeiten geben, den Hund mit an den Strand zu nehmen. An den meisten Badeorten gibt es besondere Gebiete, die als „Hundestrand", etwas abseits, freigegeben wurden. Man trifft dort immer nette Leute! Nämlich „Hundeleute"!

Wollen Sie Ihren Terrier mit ins Ausland nehmen, sind besondere Vorschriften zu beachten, zum Beispiel die Impfung gegen Tollwut. Konsulate und Veterinärämter geben über die entsprechenden Bestimmun-

Spiel am Strand

Vor dem Feriendomizil

gen Auskunft. Wenn Sie Ihren Terrier mit an den Urlaubsort nehmen, ist zu bedenken, wie er dort gefüttert werden kann. Reisen Sie innerhalb Deutschlands, ist es kaum problematisch: Dosen- und Fertigfutter gibt es schon bei fast jedem Kaufmann im entlegensten Ort. Im Ausland könnte das schwieriger sein, deshalb nehmen Sie wenigstens Trockenfutter mit, und vielleicht ein paar Dosen Futterfleisch. Doch Vorsicht bei großer Hitze: Vergewissern Sie sich erst, ob das Fleisch nicht warm geworden ist. Wenn sich die Deckel wölben, ist der Inhalt schlecht.

Häufig gibt es auch Hotels, die Hundefutter – leider nicht kostenlos – für Ihren Vierbeiner haben. Doch immer bleibt es wichtig, selbst einen bestimmten Bestand Hundefutter bei sich zu haben. Ihr Hund kann nicht drei oder vier Wochen von Sonnenschein und blauem Himmel leben. Sorgen Sie rechtzeitig vor, damit auch der vierbeinige Sommerfrischler richtige Ferien mit Ihnen genießen kann.

Alte Menschen und Border Terrier

Ältere und alte Menschen sind in unserer heutigen Gesellschaft häufig völlig isoliert und oft sehr einsam. Viele wünschen sich deshalb ein Tier zum Liebhaben und als Gesellschafter. Sie haben dann einen Ansprechpartner, der ihnen zuhört. Einigen genügt ein kleiner Vogel, der zwitschert und singt. Andere halten sich eine Katze. Aber viele ältere Menschen wünschen sich einen Hund, weil dieser mehr auf den Menschen eingeht und verständiger zu sein scheint als die unabhängige Katze.

Senioren, die sich der Kreatur gegenüber verantwortlich fühlen, schrecken häufig – sehr berechtigt übrigens – davor zurück, einen jungen Hund zu sich zu nehmen. Sie fühlen sich mit der Aufzucht und dem unermüdlichen Spieltrieb eines Welpen überfordert. Auch fürchten sie, daß die konsequente Erziehung eines jungen Hundes für sie zu problematisch werden könnte. In der Tat macht es einige Mühe, Jungtiere richtig zu erziehen. Außerdem werden ältere Menschen wohl nur selten dem

Acht Jahre alte Hündin

Ein ausdrucksvolles Gesicht

Bewegungsdrang halbwüchsiger Border Terrier entsprechen können.

Trotzdem brauchen sie nicht auf Hundehaltung zu verzichten, es sei denn, sie wären gebrechlich oder gehbehindert. Ein älterer Border Terrier kann für ältere oder alte Menschen ideal sein.

Viele Züchter geben zum Beispiel Hündinnen ab, wenn diese das erlaubte Zuchtalter überschritten haben oder wenn aus anderen Gründen nicht mehr mit ihnen gezüchtet werden soll.

Oft sind solche älteren Hündinnen nach ihrem letzten Wurf kastriert worden. Sonst sollte das vor einer Übernahme solcher Hündin noch gemacht werden. Die Kastration bewahrt den neuen Besitzer davor, zweimal im Jahr streng darauf achten zu müssen, daß die Hündin nicht fehlgedeckt werden kann. Und mit aufdringlichen Rüden hat er auch nicht mehr zu tun.

Aber den täglichen Spaziergang, und sei es bei Wind und Wetter, müssen die Hündinnen – es können natürlich auch Rüden sein – unbedingt haben. Und das tut auch ihren Besitzern sehr gut. Oft unterlassen es ältere Menschen, bei ungemütlicher Witterung an die frische Luft zu gehen. Und wer geht schon gern allein spazieren? Für den Hund muß man das tun.

Bei solchem „Gassi gehen“ werden alleinlebende, einsame Senioren von anderen Hundeliebhabern angesprochen, nach der Rasse des Hundes gefragt – noch immer ist der Border Terrier nicht überall bekannt –, nach Alter, Herkunft usw. Damit hat der alte Mensch schon einen Gesprächspartner, welcher ihn sonst nie angesprochen hätte.

Vielleicht treffen sie sich wieder, knüpfen nähere Kontakte, machen gemeinsame Spaziergänge mit dem Hund und besuchen sich gegenseitig. Die Einsamkeit ist dank des Vierbeiners unterbrochen. Außerdem kann der Alleinstehende mit seinem Border reden, ihm Kummer und Freude erzählen. Es gibt so viele Mitteilungen, denen der Border aufmerksam lauschen wird. Er ist ein angenehmer Gesprächspartner, weil er nie widerspricht.

So wie sie gut mit Kindern auskommen, können Border Terrier – wenn bereits in gesetzterem Alter – zum besten Freund und Partner für ältere und alte Menschen werden. Weil sie so freundlich und liebevoll, so extrovertiert und gescheit sind, weil sie immer versuchen, alles „richtig" zu machen, tragen sie zu größter Harmonie eines gemeinsamen Lebensabends bei und können den vereinsamten Senioren noch einmal richtig glücklich machen.

Da Border nicht früh altern und für Krankheiten wenig anfällig sind, machen sie ihrem Besitzer auch in dieser Hinsicht wenig Sorgen.

Eines darf dabei aber nicht übersehen werden: Wenn sich ein alter Mensch für das Zusammenleben mit einem Tier entscheidet, muß vorher abgeklärt sein, was mit diesem werden soll, wenn Krankheit oder Schlimmeres eintreten. Wer versorgt den Vogel, die Katze oder den Border Terrier, und wer wird sie vielleicht ganz übernehmen?

In diesem Zusammenhang eine Warnung. Glauben Sie nicht, daß es eine gute Idee ist, Ihrem Liebling ein Legat auszusetzen. Aus Erfahrung weiß man, daß solche Testamente zu Gunsten der Tiere deren Leben eher verkürzen. Auf Beispiele soll hier nicht eingegangen werden. Jedoch wäre eine Jahresrente für das Tier, zahlbar solange es lebt, die bessere Alternative. Wichtig ist immer, daß geklärt wird, wie und wo Ihr Hund weiter versorgt wird, wenn Ihnen etwas zustößt.

Manchmal sind alte Ehepaare, die im Ruhestand einen Border Terrier angeschafft haben, vom Zusammenleben mit ihm so begeistert, daß sie den Wunsch haben, einen zweiten Border dazuzukaufen. Diesen Entschluß sollten sie gründlich überdenken, denn die Belastung könnte für das Paar zu groß werden, eben weil es lebhafte Hunde sind. Einer ist gut, zwei könnten Probleme machen. Und für keinen der beiden Hunde ist es schön, wenn einer wieder abgegeben werden muß.

Fellpflegetips

Der Border Terrier gehört zu den pflegeleichten Hunden innerhalb der großen Familie der Terrier, weil er kein spezielles Rasse-Make-up benötigt. Ihm wird das Kopfhaar nicht chrysanthemenähnlich gestylt, er hat keine üppige, in Form geschnittene Haube auf dem Kopf, braucht keinen extremen Bartschnitt, kein in gute Winkelungen modelliertes Haar an der Hinterhand und an den Läufen, keine Halskrause, und sein seitliches Körperhaar wird nicht zu langen „Gardinen“ kultiviert.

Border Terrier haben, wie viele andere Terrier, ein doppeltes Haarkleid. Das heißt, über weicher, dichter, kurzer Unterwolle, die den Hund warmhält, wächst längeres, harsches, glattes Deckhaar – zum Schutz gegen Regen und Wind, aber auch Sonnenwärme.

Zweimal im Jahr tritt bei jedem Hund ein natürlicher Haarwechsel ein. Das ist im frühen Frühling und im Spätsommer, wenn sich das Haarkleid erneuert. Um diesen Prozeß des Abhaarens abzukürzen, zupft oder rupft man das abgestorbene Haar heraus. Sonst würde es der Border auf Teppich und Sesseln in der Wohnung verlieren.

Vormals, als diese Hunde ausschließlich zu Jagdzwecken verwen-

Auf dem Frisiertisch

det wurden, streiften sie sich das alte, lose Haar an Heidekraut, an Gestrüpp oder bei der Arbeit im Bau ab.

Selbst in der ersten Zeit, als Border Terrier auf Ausstellungen gezeigt wurden, gingen die Züchter mit ungetrimmten Hunden in den Ring. Viele von ihnen sahen etwas wüst und ungepflegt aus. Doch man wollte den „Arbeitsterrier" betonen.

Seit Jahrzehnten wird der Border nun getrimmt, nicht nur für die Schau. Das Wort „Trimmen" stammt aus dem Englischen und heißt übersetzt „Zurechtmachen", „In Form schneiden", „Pflegen" und „Haarschneiden". Benutzt wird es im Sinne von Zurechtmachen, denn die Haare eines Border Terriers sollen nie „geschnitten" werden. Man zupft oder rupft sie aus. Täte man es nicht, würde das tote, abgestorbene Haar dem Hund Juckreiz verursachen.

Am besten geeignet dafür sind Daumen und Zeigefinger, mit ihnen faßt man ein kleines Büschel Haare und rupft dieses in Richtung des Haarwuchses mit einem kurzen Ruck ab. Wenn die Felldecke Ihres Border Terriers „reif" ist, geht das Haar ganz leicht und völlig schmerzlos raus. Dieser Zeitpunkt muß nur genau abgepaßt werden, sonst läßt es sich der Hund nicht gefallen. Statt Daumen und Zeigefinger können Sie auch ein stumpfes, grobes Trimmesser ohne jeden Schnitteffekt benutzen. Allerdings wird die Felldecke nicht ganz so gleichmäßig aussehen wie bei der Arbeit mit der Hand.

Benutzen Sie für die Pflege und beim Trimmen einen feststehenden Tisch in bequemer Höhe. Darauf gehört eine rutschfeste Matte oder Teppichstück. Schon vom Jungtieralter an stellen Sie sich Ihren Border auf diesen Tisch und lehren Sie ihn, in guter Haltung darauf stehenzubleiben. Jeder Hund wird müheloser gepflegt und getrimmt, wenn er gelernt hat, ruhig auf dem Tisch zu stehen.

Legen Sie sich Kamm und Bürste zurecht, eventuell das Rupfmesser und eine Friseurschere. Die viel gepriesene Effilierschere sollten Sie beim Border möglichst nicht benutzen, weil sie „schneidet". Geschnitten wird nur um die Pfoten und um die Afterregion sowie den Genitalbereich herum. Alles andere, sogar die Bauchpartie, sollte vorsichtig gezupft werden. Stellen Sie sich einen Behälter für die abgenommenen Haare bereit, sonst tragen Sie und Ihr Hund unter Schuhen und Pfoten die Büschel durch die ganze Wohnung.

Nachdem Sie Ihren Hund gut durchgekämmt haben, beginnen Sie mit dem Rupfen auf dem Oberkopf, dann auf der Nackenpartie und am Rücken bis zum Rutenansatz. Sollten nun Sie und Ihr Border vorzeitig ermüden, weil Ihnen das Trimmen noch nicht so leicht von der Hand geht, machen Sie Schluß bis anderentags. Jetzt können Sie Ihren Hund be-

Gut getrimmter Kopf

obachten, wenn er herumläuft, und sehen, an welchen Stellen Sie noch nicht genug, und an welchen Sie – leider – zuviel weggenommen haben. Sehr leicht trimmt man besonders die Rückenlinie so, daß hinter den Schulterblättern eine (falsche) Einsenkung und über der Lendenpartie ein (falscher) Buckel geschaffen wird. Nehmen Sie deshalb auch am Rutenansatz zuerst nicht zu viel Haar ab. Das könnte den Rutenansatz optisch verderben. Die Rute wirkt zu tief angesetzt.

Am anderen Tag zupfen Sie dann die Hinterpartie, Ober- wie Unterschenkel ab. Auch die Innenseiten der Schenkel und die Region unter dem After hinunter bis zu den Sprunggelenken.

Danach kommt die Front dran. Stellen Sie sich vor den Hund und nehmen, von der Kehlpartie angefangen, das Haar bis zum Vorbrustende ganz gleichmäßig ab. Meistens ist hier die Haarqualität etwas weicher und das Fell sitzt fester, so daß Sie langsam und vorsichtig arbeiten sollten. Nun wenden Sie sich den seitlichen Flächen zu, Schultern und Rippenregion. Die seitliche Halspartie kann einige Mühe machen, weil das Haar auf dem Nacken und den unteren Halsseiten aus zwei Richtungen aufeinander stößt und hier bei unsachgemäßem Trimming eine „Naht" zu entstehen scheint. Das muß gut ausgeglichen werden. An Unterbrust und Bauchseite werden ebenfalls die Haare gezupft. Wenn sich Ihr Border Terrier das absolut nicht gefallen lassen will, müssen Sie – leider – zur Schere greifen. „Könner" im Zupfen haben keinerlei Schwierigkeiten, weil sie die Haut festhalten.

Auch an den Vorderläufen muß getrimmt werden. Hier entstehen oft zwei Schwerpunktfehler. Einmal vor den Ellenbogen – bleibt dort viel Haar stehen, wirkt die Front zu breit – zum anderen oberhalb der Pfoten, am Vorderfußwurzelgelenk, vergleichbar unserem Handgelenk. Hier können die gewünschten geraden Läufe durch sorgfältiges Trimmen betont werden.

Bevor Sie sich den Pfoten zuwenden, müssen diese gut aufgekämmt und die Pfotenform umschnitten werden. Sie dürfen nun die Friseurschere benutzen. Vorsicht ist geboten, wenn das Haar auf den Pfoten gezupft werden soll. Border Terrier müssen Katzenpfoten haben. Ungeschicktes Trimmen läßt Plattfüße entstehen.

Die Haarbefederung an der Rückseite der Läufe ist ebenfalls auszuzupfen, doch sollte man keinen „Kahlschlag" machen und „Spinnenbeine" entstehen lassen. Nur die lang überstehenden Einzelhaare werden ausgezupft. Wenn nun die Körperformen gut herausgearbeitet sind, muß die Rute getrimmt werden. Sie soll kräftig am Ansatz, mittellang, genügend

Gute Umrißlinien

hoch angesetzt sein und karottenförmig aussehen, sich also zur Spitze verjüngen. Derart wird sie getrimmt. Man achte darauf, daß keine langen Haare an der Rutenunterseite heraushängen.

Zuletzt rupft man Kopf und Ohren. Das Haar auf den Ohren wird ganz kurz gehalten und auch die Innenseiten der Ohren getrimmt. Man sollte es vermeiden, die Ohrkante mit einer Schere zu umschneiden, weil das auffällige Farbveränderungen der Haare ergibt. Da man die Farbe des Fells auf den Ohren dunkler als das Körperhaar wünscht, obwohl das der Rassestandard nicht ausdrücklich fordert, kann hier nicht gleichmäßig genug gezupft werden.

Am Oberkopf wurde bereits das Haar getrimmt. Nun paßt man die Wangenpartie an. Weil die Rassekennzeichen keinen deutlichen Stirnabsatz vorschreiben, werden die Augenbrauen kurz gehalten, denn sonst würde der Stop zu stark betont. Keinesfalls darf das Vorgesicht unter den Augen durch Trimmen verfeinert werden. Lediglich ganz wenige Haare, die zu den inneren Augenwinkeln aufwachsen, werden entfernt. Der Fang des Border Terriers muß Stärke aufweisen, die man fühlen und sehen kann. Oberkopf und Vorgesicht stehen im Verhältnis 2:1, der Fang ist also relativ kurz, kräftig und stumpf. Ein langes, keilförmiges Vorgesicht ist rasseuntypisch. Hier kann also ein Trimmfehler verheerend sein.

Der Border soll keinen üppigen Schnauzerbart haben. Wenn er zu kräftig wächst, muß er mit Daumen und Zeigefinger vorsichtig ausgedünnt und gekürzt werden. Gehen Sie nicht mit der Schere an die Barthaare, besonders gefährlich ist die Effilierschere! Jeder Schnitteffekt verdirbt die Haarfarbe. Haben Sie immer das Bild eines Otterkopfes vor Augen, wenn Sie den Borderkopf trimmen. Sie dürfen aber auch keinen quadratischen Kopf herausarbeiten. Das wäre untypisch für die Rasse.

Wenn Sie nun Ihren Border Terrier rundherum gezupft haben, betrachten Sie ihn in den nächsten Tagen immer wieder sehr kritisch. Es werden Ihnen noch Partien auffallen, wo Korrekturen vorgenommen werden müssen. Und sollten Sie tatsächlich grobe Trimmfehler gemacht haben, trösten Sie sich damit, daß das Haar wieder nachwächst. Und diese bestimmten, gravierenden Unschönheiten, die Sie nun erkennen, werden Sie beim nächsten Zupfen bestimmt nicht noch einmal wiederholen.

Laufend, etwa alle vierzehn Tage oder drei Wochen, können Sie Ihren Hund bei der regelmäßigen Pflege mit Kamm und Bürste leicht übertrimmen. Es wächst immer Haar nach, das sogar bei einer sonst geschlossenen Haardecke erkennbar ist. Zupfen Sie es ab. Auf diese Weise kann Ihr Border über einen langen Zeitraum gut gepflegt aussehen.

Züchten – ja oder nein?

Häufig stellen sich Border-Terrier-Besitzer die Frage, ob sie züchten sollen. Man hat ihnen gesagt, daß eine Hündin länger gesund bleibt, wenn sie wenigstens einmal Welpen geboren und einen Wurf aufgezogen hat. Sie haben sich auch sagen lassen, daß eine ängstliche Hündin nach der Aufzucht ihrer Welpen selbstbewußter wird. Außerdem soll angeblich die so lästige Scheinträchtigkeit mit geschwollenem Gesäuge und starker Milchproduktion nach einer Zuchtverwendung nicht mehr auftreten.

Leider sind das alles Binsenweisheiten und Trugschlüsse. Für die Gesundheit und eine längere Lebenserwartung sind Trächtigkeit und Welpenaufzucht nicht notwendig. Die Scheinschwangerschaft wird auch nach einmaliger Mutterschaft wiederkommen. Außerdem ist es unwahrscheinlich, daß die scheue Hündin nach dem Absetzen der Welpen wesentlich selbstbewußter geworden ist. Eher besteht die Gefahr, daß ihre Nachkommen die gleichen Wesensmängel wie die Mutter zeigen.

Aus ähnlichen Gründen möchten oft auch die Besitzer eines Border-Terrier-Rüden, daß dieser wenigstens einmal eine Braut hat, weil es für sei-

In der Wurfkiste

ne Konstitution vorteilhaft sei. Oft ist aber der Zuchtwert eines Haushundes nicht so groß, daß er sich vermehren sollte. Für den Durchschnittsrüden, der aus reiner Liebhaberei gehalten wird, ist es noch aus anderen Gründen nicht so wünschenswert, wenn er einmal deckt, denn es könnte ihn wesentlich unruhiger machen, sobald in der Nachbarschaft oder irgendwo entfernt Hündinnen läufig sind. Vielleicht versucht er sogar, fortzulaufen.

Selbst „nur einmal“ züchten zu wollen, setzt schon erhebliche Kenntnisse voraus. Ein Laie stellt sich alles viel einfacher vor, als es ist. Zunächst muß sich der Anfänger über die Zuchtbestimmungen in dem für ihn zuständigen Rasse-Verband informieren, damit seine Welpen später Ahnentafeln bekommen können. Er kann nicht alle Hundekinder behalten, also braucht er auch die Welpenvermittlung des Klubs. Deshalb ist eine Mitgliedschaft im Zuchtverband notwendig. Der Schutz eines Zwingernamens ist ebenfalls erforderlich. Doch alle diese Formalien treten vor der Beantwortung der Frage zurück, ob die Hündin, mit der gezüchtet werden soll, in allen wichtigen Punkten dem geforderten Rassetyp entspricht. Außerdem muß die Hündin in guter psychischer und physischer Verfassung sein.

Sie sollte eine Zuchtabstammung haben, von der man bei entsprechender Partnerwahl annehmen kann, daß sie mindestens etwas ebenso Gutes hervorbringt, wie sie selbst ist. Dann stellt sich die Frage, wo der passende Deckrüde steht. Dieser muß nicht der großartigste Schausieger sein, aber auch nicht derjenige, zu dem der bequemste, kürzeste Weg führt und der das geringste Deckgeld kostet. Der Deckrüde muß zu der Zuchthündin passen, ihre Fehler ausgleichen und ihre Vorzüge unterstützen.

Ein erfolgreicher Terrierzüchter in England hat einmal geschrieben, daß die Stärke eines Zwingers in seinen Hündinnen läge. Die Hündin sei ausschlaggebend für das Hervorbringen guter Nachzucht, und nur mit einer wirklich hervorragenden Hündin könne man Champions züchten. Man müsse aber in der Blutlinie bleiben. Würde man zu derselben Hündin einen völlig blutfremden Rüden wählen, würde diese mit größter Wahrscheinlichkeit nichts Gleichwertiges bringen. Die Zahl derer, die nach jedem neuen Champion-Rüden züchteten, betrage 95 %. Daher die ständigen Enttäuschungen.

Wenn eine Hündin erstmals gedeckt werden soll, wählt man möglichst einen bereits erfahrenen Deckrüden. Sind nämlich alle Beteiligten, die beiden Vierbeiner sowie deren Besitzer völlig unerfahren, kann es durchaus passieren, daß aus der Hochzeit nichts wird.

Für jeden Beruf muß man vorher etwas gelernt haben, nur viele Hundehalter glauben, sie können ohne Vorkenntnisse ihre Hunderasse erfolgreich vermehren.

Oberstes Gesetz jeder Tierzucht ist, nur mit den besten Exemplaren zu züchten, wenn die Rasse nicht auf Dauer Schaden nehmen und ihre Qualität, insbesondere Wesen und Gesundheit, nicht verloren gehen sollen. Wir kennen diese Resultate aus der Massenvermehrung von Moderassen.

Das Züchten kann man nicht aus Büchern lernen. Theorie und Praxis müssen Hand in Hand gehen. Der Anfänger ist noch kein Züchter, denn Meister fallen nicht vom Himmel. Er wird viele Ratschläge einholen und Erfahrungen sammeln müssen. Oftmals scheint der Anfänger zuerst vom Glück begünstigt zu sein. Aber vor Verlusten und Enttäuschungen bleibt keiner verschont. Es ist bitter, wenn man bedenkt, daß stets Hunde die Leidtragenden sind.

Andererseits ist die Hundezucht eine wunderbare Berufung, wenn sie mit Liebe, Sorgfalt, Verantwortungsbewußtsein, Zeitaufwand und genügend Kenntnissen durchgeführt werden kann. Es gibt für den Hundefreund kaum etwas, das mehr Freude macht, als einen gesunden Wurf vielversprechende Welpen aufwachsen zu sehen. Aber es fordert vom Züchter viel Arbeit, Zeit und Zuwendung, die kleine vierbeinige Familie zu pflegen. Wenn Sie glauben, reichlich Zeit und genügend Verantwortungsbereitschaft zu besitzen, ist das erste Gebot für Züchter erfüllt. Denken Sie aber nicht, daß man einen Wurf während des Urlaubs aufziehen kann. Was soll aus den lebhaften Border-Welpen werden, wenn diese mit acht oder zehn Wochen noch nicht alle verkauft sind und Ihr Dienst im Geschäft oder in der Firma wieder beginnt? Berufstätige sollten nicht züchten – außer es sind noch ganztägig andere erwachsene Personen im Haushalt, welche die Pflege der Tiere übernehmen können.

Die zweite Forderung für die Welpenaufzucht gilt dem Platzangebot. Hier muß sich der potentielle Züchter ganz genau überlegen, was er bieten kann, um einen Wurf artgerecht aufzuziehen: Wo können die Zuchthündin und ihre Welpen ruhig und ungestört untergebracht werden? Im Haus? In einem Zwinger? Wie groß könnte solch ein Zwinger gebaut werden, und wieviel Auslauf ist vorhanden? Es gibt Vorschriften vom Gesetzgeber, die Sie erfragen können.

Der Zwingerbau muß gut isoliert sein, Fenster haben und beheizt werden können. In kalten Winternächten reicht eine Rotlichtlampe nicht aus! Der Fußboden darf nicht aus kaltem Beton bestehen. Aber Holzboden ist nach kurzer Zeit uringetränkt und kaum noch geruchsfrei sauber zu hal-

Vielversprechender Junghund, vier Monate alt

ten. Es müssen Schlafkisten aufgestellt werden, die unterwärts einen Hohlraum haben, so daß sie nicht direkt auf dem Boden stehen. Ein erhöhter Liegeplatz für das Muttertier muß ebenfalls vorhanden sein, damit sie sich von den Welpen zurückziehen kann, wenn sie das wünscht.

Ein direkter, freier Zugang zum Außenauslauf ist ideal. Er wird nur nachts verschlossen. Solch ein Auslauf sollte mit Steinplatten ausgelegt werden und nur ein kleiner Teil mit Naturboden belassen bleiben. Die Steine sind regelmäßig mit einem Druckreiniger zu säubern. Anders der Erdboden, der nach Nutzung durch etliche Würfe mit Wurmeiern verseucht sein kann und ausgewechselt werden muß.

Ideal ist ein separater „Abenteuerspielplatz“ für die Welpen, wo sie in Betonrohren Versteckspiele machen können, unter (ungiftigen) Büschen buddeln dürfen, auf Holzpritschen in der Sonne liegen oder in einer künstlichen „Höhle“ Schatten finden. Der Auslauf am Zwingerhaus muß teilweise überdacht sein und zur Wetterseite einen Windschutz haben.

Im Hundehaus muß Stromanschluß gelegt werden, denn es wird Licht und Heizung benötigt. Die Heizung muß in jedem Fall so angebracht sein, daß die Jungtiere nicht an Kabeln knabbern oder sich an einem offenen Strahler versengen können. Das ist alles schon vorgekommen.

Will man keine Zwingeranlage bauen, weil nur wenige Würfe gezüchtet werden, kann die Aufzucht von Border-Terrier-Welpen im Haus erfolgen. Dafür wird dann ein heller, beheizbarer, genügend großer Raum eingerichtet. Hier kann der Wurf geboren werden und die Hündin mit ihren Jungen das Mutterglück genießen.

Zu den Vorbereitungen gehört ebenfalls der Kauf oder Eigenbau einer zweckmäßigen Wurfkiste in passender Größe. Sie sollte aus glattem, möglichst einseitig beschichtetem Holz gefertigt werden. Etwa zehn Zentimeter über dem Kistenboden wird rundum eine Schutzleiste angebracht, damit die Welpen nicht von der Mutter gegen die Seitenwände gedrückt werden können.

Die Vorderseite der Wurfkiste baut man vorzugsweise mit einem breiten Einstieg, den man mit zwei einschiebbaren Brettern verschließen und so erhöhen kann, daß die noch ganz jungen Welpen nicht herausfallen. Den Einstieg benutzt auch die Hündin, die sonst in die Kiste springen würde und dabei möglicherweise aus Versehen auf einen Welpen tritt.

Border sind zwar leichtfüßig und sehr vorsichtig, aber man sollte jedes Risiko vermeiden. Später bewährt sich solch Ein- und Aussteig, wenn ein Laufgitter an die Wurfkiste gestellt wird.

Zweckmäßig ist es, einen genügend großen Laufstall zu bauen, den man vor die Wurfkiste stellen kann, wenn die Welpen anfangen, zu krabbeln, und die Kiste verlassen möchten. Nach spätestens fünf oder sechs Wochen wollen diese allerdings mehr „Freiheit“ genießen und werden den ganzen Raum beanspruchen. Dann wird das Hundezimmer möglicherweise – je nachdem, wie viele Welpen im Wurf sind – in ein Chaos verwandelt. Tapeten werden ebenso angenagt (und abgerissen!) wie Fußleisten und Türrahmen. Alles Erreichbare ist zum Spielen zu gebrauchen, selbst dann, wenn der kleinen Meute ein reichliches Spielzeugangebot in Form von Kauknochen, Bällen und verknoteten Lappen oder Socken und anderem gemacht wird. Es gibt artigere Welpen als junge Border Terrier. Deshalb sind ihre Aktivitäten draußen leichter zu ertragen als drinnen. Andererseits sind Jungtiere, die ausschließlich in einer Zwingeranlage aufgezogen werden, für den späteren Eigentümer oft nicht ausreichend für ihr Leben in Haus und Familie geprägt. Sie haben keine Hausgeräusche kennengelernt, wie zum Beispiel Staubsauger, Telefon, Radio, klapperndes Geschirr oder herunterfallende Topfdeckel und vieles mehr, was zum Tagesverlauf im Haushalt gehört. Deshalb müssen Welpen, die sonst im Zwinger leben, tagsüber stundenweise ins Haus geholt werden, um für ihr weiteres Hundeleben zu lernen. Außerdem stellt sich die Frage, warum man überhaupt züchten will, wenn man die kleine Hundefamilie in einen Zwinger sperrt und ihre Entwicklung nicht kontinuierlich verfolgt und miterlebt. Das ist doch gerade die Züchterfreude!

Int. D. L. Champion, Europa- und Bundessiegerin, Winner Amsterdam Chevinor Rosanna

Auch bei der Hausaufzucht muß natürlich ein Freiauslauf draußen zur Verfügung stehen, – vielleicht auf der Terrasse, auf dem Rasen, notfalls auf einem geschützten Balkon. Mit fünf oder sechs Wochen sollen die Welpen an die frische Luft, selbst wenn es kalt ist. Solange sie spielen und sich genügend Bewegung machen, besteht keine Gefahr, daß sie sich erkälten. Auch ein paar Regentropfen schaden ihnen nicht, wenn sie hernach wieder drinnen trocknen können. Hier entscheidet immer der gesunde Menschenverstand des Züchters.

Die Zuchthündin

Allgemein gesagt, ist nicht jede Hündin auch eine Zucht-Hündin. Viele sind sogar denkbar ungeeignet für die Zucht. Hundebesitzer überschätzen häufig die Qualität ihres eigenen Tieres, weil sie es nicht kritisch genug betrachten und nicht objektiv beurteilen.

Es gibt keine fehlerlosen Hunde. Das war immer so und wird auch immer so bleiben. Aber es kommt auf die Wertigkeit der Fehler an.

Die gröbsten Fehler sind schlechtes Wesen und Gesundheitsprobleme. Sie müssen jede Zuchtverwendung ausschließen.

Oft wird die erste Entscheidung gegen das Züchten mit einer Hündin schon auf Ausstellungen oder Zuchtzulassungsprüfungen gefällt. Doch auch Hündinnen, die noch relativ günstig bewertet werden, sind oft nicht für die Weiterzucht geeignet, weil sie zu groß oder zu klein, zu grob oder zu zierlich, zu substanzlos oder untypisch sind. Es gibt noch manches mehr, was gegen die Zuchtverwendung einer Hündin sprechen kann.

Einer Rasse gegenüber ist es unverantwortlich, wenn den Besitzern solcher Hündinnen der Rat gegeben wird, mit einem hochprämiierten Rüden zu versuchen, einen guten Wurf zu ziehen. So stellt sich selten ein Erfolg ein, denn in der nächsten Generation werden die Qualitätsmängel wieder auftreten. Man braucht viele Jahre und Generationen, bis man die Mängel solch einer „Stammhündin" herausgezüchtet hat.

Eine Zuchthündin muß nicht nur gutes Wesen haben, sie muß auch gesund und standardtypisch sein, und ihre Ahnentafel sollte gute Vererber unter den Vorfahren aufweisen. Die Qualität dieser Vorfahren muß man erforschen, das heißt, alles über diese Hunde in Erfahrung bringen, was möglich ist. Wenn sie noch leben, sollte man sie sich anschauen, sonst muß man sich mit Abbildungen und Berichten begnügen. Man kann von langjährigen Züchtern viel erfragen. Welche weiteren Nachkommen haben diese Hunde gebracht, welchen Erbwert hatten sie – der stellt sich oft erst nach Jahren heraus –, wie alt sind sie geworden, gab es gesundheitliche Probleme? Alles zusammen ist wichtig für einen angehenden Züchter und sein Zuchtprogramm.

Eine wirklich gute Hündin, die allen angeführten Punkten entspricht, ist ein Goldschatz für jeden Zwinger. Meistens weist ihre Ahnentafel Verwandtschaftszucht oder Inzucht auf besondere, erstklassige Rüden und Hündinnen aus; oft allerdings erst in der vierten oder fünften Generation. Man muß sich für mehr als vierzehn Ahnen interessieren, die in unseren Ahnentafeln ausgeschrieben sind.

Ob eine Hündin und ihre Abstammung vorzüglich sind, zeigen ihre Welpen, wenn der Vaterhund klug gewählt wurde. Spätestens jetzt stellt sich heraus, wie wertvoll zu dem guten Rassehund die Ahnen sind, die ihn hervorgebracht haben.

Der Deckrüde

Nicht jeder deckfähige Rüde ist als Deckrüde empfehlenswert. Die meisten sollten lieber nicht in der Zucht eingesetzt werden, und viele Rüden werden in ihrer Qualität und ihrem Erbwert überschätzt.

Ein Anfängerzüchter macht besser nicht den Fehler, daß er für seine Hündin den letzten Sieger einer Hundeausstellung, auf den er gerade trifft, als Deckrüden auswählt, nur weil dieser der Tagesbeste war. Er sollte sich lieber nach Rüden umsehen, von de-

Jugend-Ch., Int. und D. Champion, Europa-Jugend- und Europasieger Tallarnax Tall-Kotte

nen bereits gute Nachkommen erfolgreich ausgestellt werden, denn solche Rüden geben zumindest ihren Phänotyp (Gesamtheit des Erscheinungsbildes, im Gegensatz zum Genotyp, der Gesamtheit der Erbfaktoren) weiter.

Natürlich darf der ausgewählte Rüde nicht die gleichen Fehler wie die Hündin haben. Etwas Verwandtschaft unter den Vorfahren von Rüden und Hündin wäre auch wünschenswert, wenn es sich bei diesen um gute Vererber handelt.

Wenn man sich eine Zucht aufbauen will, sollte man zuerst vermeiden, einen eigenen Deckrüden zu halten oder aus einem der ersten Würfe schon einen eigenen Rüden für die Weiterzucht aufzuziehen. Man engt damit seine Zuchtmöglichkeiten unnötig ein, weil man zu oft beschließt, diesen eigenen Rüden einzusetzen, anstatt eine andere Verbindung zu versuchen. Bald hat man nur noch die Töchter und Schwestern des Rüden für die Zucht im Zwinger.

Bei der Haltung eines vorzüglichen Deckrüden, der sowohl Ausstellungs- als auch sehr gute Zuchterfolge seiner Nachkommen vorweisen kann, gilt für den Besitzer, daß er der Versuchung widersteht, diesen Rüden auch für Hündinnen herzugeben, die nicht gut genug sind. Es ist eine dumme Ausrede, daß bei Weigerung, den Rüden zur Verfügung zu stellen, der Hündinnenbesitzer einen anderen, vielleicht weniger guten Rüden nehmen würde. Na und?

Ebenso muß man der Versuchung widerstehen, mit einer Hündin, die man sich angeschafft hat und die nicht den Erwartungen entspricht, noch schnell vor ihrer Abgabe einen

Wurf zu ziehen, um keinen finanziellen Verlust zu haben.

Rüdenbesitzer haben das gleiche Recht wie Hündinnenbesitzer, sich frei zu entscheiden, welchen Partner sie für ihre Rüden wählen. Das bedeutet manchmal, sich zum Wohl der Rasse gegen einen Deckakt zu entscheiden. Wie gut ein Rüde auch als Vererber ist und wie wenig Vorteile die Hündin haben mag, für alles Negative bei der Nachzucht wird immer der Rüde verantwortlich gemacht: Er hat „schlecht vererbt“. Deshalb gibt es Rüdenbesitzer, die aus diesem Grund sich weigern, ihre Rüden außerhalb ihrer eigenen Zucht decken zu lassen. Doch das kommt selten vor.

Bei der Auswahl eines Deckrüden für die eigene Hündin sollte man sich besonders über dessen Mutter und ihre Abstammung informieren. Es gibt Vaterhunde, die ihren Phänotyp so stark vererben, daß eventuelle Mängel der Hündin überdeckt werden und hervorragende Söhne und Töchter geboren werden. Später enttäuscht dann die Nachzucht dieser Hunde, weil die Mutterlinie in der nächsten Generation wieder deutlich negativ hervortritt.

Gute Vererber unter den Deckrüden sind für die Weiterzucht die beste Ergänzung für gute Hündinnen. Es wird aber gefährlich, wenn alle Hündinnen zu den wenigen hervorragenden Deckrüden gebracht werden und so allmählich der Genpool eingeengt wird. Zuviel Inzucht ist hier die Folge, weil ein oder zwei Rüden über mehrere Jahre in der Zucht dominieren. Treten dann nach einiger Zeit Probleme auf, die nicht vorhersehbar waren, kann man kaum noch auf andere Abstammungen ausweichen. Das kann eine ganze Rasse in Gefahr bringen.

Kostenloser Welpen-Service von Pedigree® Pal®

Haben Sie einen Welpen?

Als frischgebackener Hundebesitzer hat man viele Fragen: Wie wird mein Hund stubenrein? Wie lernt er, an der Leine zu gehen? Wie erziehe ich ihn? Was sollte er fressen? Und vieles mehr. Pedigree® Pal® bietet jedem Welpenbesitzer einen kostenlosen Informations-Service, der Sie während des ersten Lebensjahres Ihres Hundes begleitet. So erhalten Sie bis zu fünfmal immer genau die Informationen über Verhalten, Erziehung und Ernährung, die Sie entsprechend dem Lebensalter Ihres Hundes gerade brauchen. Dazu gibt es viele Tips und Wissenswertes aus der Welt junger Hunde – und machmal eine kleine Überraschung! Wenn Sie an diesem Service Interesse haben, schreiben Sie einfach an Pedigree® Pal®, wann genau Ihr Hund geboren ist. Die Anschrift lautet:

Pedigree® Pal®,
Postfach 1260,
22859 Hamburg.
Oder rufen Sie an:
01805/33 45 45 (Mo–Fr, 9–18 Uhr,
0,48 DM/Minute)

Ernährung

Der Hund braucht mehr als Fleisch

Leben ist Bewegung. Leben ist Wachstum. Leben ist Stoffwechsel. Damit Lebensvorgänge ablaufen können, muß sich das Lebewesen ernähren. Der Zweck der Ernährung ist es, dem Körper Nährstoffe zuzuführen. Diese dienen der Bewegung, indem sie Energie liefern, dienen dem Wachstum, indem sie die Baustoffe darstellen, dienen dem Stoffwechsel, indem sie verbrauchte Substanzen ersetzen. Nährstoffe befinden sich in der Nahrung. Tiere sind von organischen Stoffen abhängig. Diese gehen sämtlich auf Stoffwechselprodukte der Pflanzen zurück.

Der Hund als Nachfahre des Wolfes steht am Ende der Nahrungskette. Er verwertet nicht die Pflanze selbst, sondern pflanzenfressende Tiere. Die wildlebenden Ahnen unseres Hundes verzehrten ihre Beute meist vollständig. Von daher geht der Begriff „Fleischfresser" am Kern vorbei. Denn nicht nur Muskelfleisch, sondern ebenso die Knochen, Sehnen, das Fell und natürlich die Innereien samt dem pflanzlichen Inhalt wurden verschlungen. Treffender ist also die Bezeichnung „Beutetierfresser".

- Der Hund steht am Ende der Nahrungskette.
- Der Hund benötigt neben Fleisch auch Fett, Mineralstoffe, Vitamine und pflanzliche Materialien.
- Der Hund ist ein Beutetierfresser.

Das Verdauungssystem spaltet die Nahrung auf

Dem Wolf wie auch seinem Nachfahren Hund sind eine Reihe spezialisierter Organe eigen, mit denen er seine Nahrung beschaffen, zerkleinern und verwerten kann. Die Zähne dienen dem Ergreifen und Zerteilen der Beute. Mit Hilfe des Speichels gleitfähiger gemacht, gelangt die Nahrung durch die sehr dehnbare Speiseröhre in den Magen. Hier erfolgt eine erste Aufspaltung der einzelnen Bestandteile. Dieser Vorgang wird im Dünndarm fortgesetzt. Unverzichtbare Hilfe leisten dabei Verdauungsenzyme, die in der Bauchspeicheldrüse gebildet werden. Ihre Aufgabe ist die biochemische Zerkleinerung der Nährstoffe bis auf die Grundbausteine. Nur so zerlegt ist die Nahrung letztendlich verwertbar. Die Nährstoffe werden dann von der Darmschleimhaut aufgenommen und mit Hilfe des Blutkreislaufs in jede noch so entlegene Zelle des Körpers transportiert. Dort erst erfüllen sie ihre eigentliche Funktion. Im Muskel beispielsweise wird die biochemische Energie bestimmter Nährstoffe in Bewegungsenergie umgewandelt, im Knochen dienen andere Nährstoffe als Bausteine den Wachstumsvorgängen. Unverwertbare Bestandteile der Nahrung gelangen in den Dickdarm und werden wieder ausgeschieden.

- Die Nahrung muß aufgespalten werden, um verwertbar zu sein.
- Die Aufspaltung erfolgt hauptsächlich im Darm.
- Die Nährstoffe werden mit dem Blutkreislauf aus dem Darm in alle Körperzellen transportiert.

Hohe Energieausbeute nur bei hochverdaulicher Nahrung

Ob unser Border Terrier läuft, springt, mit dem Schwanz wedelt oder vielleicht nur daliegt und Herrchen oder Frauchen beim Lesen zuschaut – jeder dieser Vorgänge braucht Energie, sie ist die treibende Kraft aller Lebensvorgänge. Unser Hund bezieht sie aus seinem Futter. In biochemischer Form gespeichert, gelangt Energie in den Körper und wird dort in die unterschiedlichsten Lebensäußerungen umgewandelt. Bei diesen Umwandlungsprozessen gibt es Verluste. Über Kot und Harn werden Stoffe ausgeschieden, die noch Energie speichern. Auch Wärmeverluste schmälern die Energieausbeute für den Organismus. Dennoch hat das Energieumwandlungssystem „Hund" einen höheren Wirkungsgrad als jedes vom Menschen ersonnene. Eines liegt jedoch auf der Hand: Je höher die Verdaulichkeit der Nahrung ist, desto geringer sind die Energieverluste für den Hund.

- Ohne Energie gibt es kein Leben.
- Die Energie ist in der Nahrung.
- Je höher die Nahrung verdaulich ist, desto besser wird sie verwertet.

Eiweiße sind Baustoff, Energieträger und Wirkstoff zugleich

Jeder Hund benötigt über fünfzig verschiedene Nährstoffe, und zwar Tag für Tag, ein Leben lang. Man kann diese der besseren Übersichtlichkeit halber in Hauptnährstoffgruppen zusammenfassen. Eine wesentliche dieser Gruppen wird von den Eiweißen oder Proteinen gebildet. Sie stellen wichtige Körperbausteine dar. Nur eine einzige Körpersubstanz überhaupt enthält keine Eiweiße als Baustein, und das ist der Zahnschmelz. Alle anderen Gewebe, ob nun Muskel, Nerven, Haut oder innere Organe, bestehen in irgendeiner Form aus Eiweißen. Sogar der Knochen enthält nicht nur Mineralstoffe, sondern eben auch Gerüstproteine. Darüber hinaus werden wichtige Wirkstoffe wie Enzyme und Hormone durch Eiweiße aufgebaut. Außerdem sind Eiweiße eine Energiequelle für Hunde. Die Energieausbeute beim Abbau der Eiweiße ist jedoch nicht besonders hoch. In dieser Hinsicht ist die Nutzung von Fetten effizienter. Fette sind die für den Hund günstigste Energiequelle. Die Ausbeute bei ihrem biochemischen Abbau ist um etwa ein Drittel höher als bei Eiweißen. Fette sind jedoch nicht nur Energielieferanten. Sie stellen auch wichtige Bausteine für Zellmembranen dar und sind unverzichtbarer Bestandteil von bestimmten Hormonen und Vitaminen.

Kohlenhydrate kommen in der Natur in großen Mengen in Pflanzen vor. Das Verdauungssystem des Hundes kann diese nur in erhitzter Form spalten. Dann stellen einige Kohlenhydrate jedoch gute Energielieferanten dar. Weiterhin dienen Kohlenhydrate als Ballaststoffe. In dieser Funktion regen sie die Darmbewegung an und sind so für die Pas-

Einträchtig am großen Napf versammelt

sage der Nahrung durch den Darm unerläßlich. Ebenso wichtige, jedoch grundsätzlich andere Aufgaben erfüllen die Mineralstoffe. Die bekanntesten unter ihnen, Kalzium und Phosphor, bilden die Hauptbestandteile der Knochen. Sie fungieren also als Baustoff. Andere Mineralstoffe werden im Stoffwechsel von Substanzen benötigt, welche Steuer- und Regelungsmechanismen bedienen.

So gibt es eine Reihe von Enzymen und Hormonen, die ohne die Anwesenheit bestimmter Mineralstoffe wirkungslos blieben. Weiterhin laufen so wichtige Vorgänge wie Blutgerinnung, Muskelkontraktionen oder die Erregungsleitung in Nerven nur ab, wenn die dazugehörigen Mineralstoffe dem Körper über die Nahrung zugeführt werden.

Die Gruppe der Mineralstoffe kann man noch einmal unterteilen in Mengenelemente (von diesen wird ein bedeutendes Quantum täglich benötigt) und Spurenelemente (hiervon reichen oft schon ganz geringe Mengen im Mikrogrammbereich aus).

Schließlich müssen noch die Vitamine in der Nahrung sein, von denen es fettlösliche und wasserlösliche gibt. Vitamine haben lebenswichtige Steuerfunktionen, dienen dem Sehvermögen, der Krankheitsabwehr oder dem Energiestoffwechsel.

- Eiweiße sind Baustoff, Energieträger und Wirkstoff zugleich.
- Fette sind die günstigste Energiequelle.
- Mineralstoffe bauen das Skelett auf und steuern lebenswichtige Vorgänge im Stoffwechsel
- Vitamine regeln unverzichtbare Lebensprozesse.

Wachsende Hunde benötigen spezielle Nahrung

Die moderne Tiermedizin hat die Besonderheiten des Hundestoffwechsels genau untersucht. So besteht heute die Möglichkeit, nicht allein den Energiebedarf eines heranwachsenden Hundes genau anzugeben, sondern auch seinen Bedarf an Kohlenhydraten, Eiweißen und Fetten sowie Mineralstoffen und Vitaminen. Dies ist entscheidend, wenn man das Ziel hat, durch eine artgerechte Bilanzierung von Nahrungsbestandteilen eine gesunde Hundeentwicklung zu fördern.

Ein gutes Beispiel dafür ist der Bewegungsapparat. Mit Hilfe von Messungen der Wachstumsgeschwindigkeit der Knochen, Röntgenaufnahmen des Bewegungsapparates, Bestimmungen der Knochendichte, Vergleich von vielen hundert gesund aufgewachsenen Hunden und weiteren Untersuchungsverfahren ist der Bedarf an Kalzium und Phosphor genau festgestellt worden.

Aufgrund dieser Zahlen sind wissenschaftlich exakte Empfehlungen

Das hat geschmeckt!

für die Versorgung mit diesen Mengenelementen möglich – und zwar jeden Monat im Leben eines wachsenden Hundes. Wegen des hohen Bedarfs der Welpen an knochenaufbauenden Mineralstoffen liegt der Kalzium- und Phosphorbedarf in den ersten beiden Lebensmonaten rund viermal höher als beim erwachsenen Hund. Mit zunehmender Mineralisierung der Knochen nimmt er im Laufe des Wachstums stetig ab.

Um ein gleichmäßiges Knochenwachstum und eine gesunde Skelettentwicklung zu erreichen, kann die Versorgung mit Kalzium und Phosphor eigentlich nur durch eine ausgewogene, altersangepaßte Vollnahrung problemlos gewährleistet werden.

Eine Selbstherstellung von Hundenahrung ist wegen der möglichen Unter- oder Überversorgung mit lebenswichtigen Nährstoffen insbesondere bei Welpen sehr kritisch. So ist in „Eigenmischungen" das Kalzium/Phosphor-Verhältnis meist nicht korrekt ausbilanziert.

Die Wachstumsrate junger Hunde und die Unterschiede zwischen einzelnen Hunden werden übrigens nicht allein durch Erbanlagen bestimmt. Auch äußere Faktoren wie Ernährung, Klima oder Krankheiten sind wichtig.

Eine optimale Gestaltung der äußeren Einflußfaktoren kann das Wachstum im positiven Sinne beeinflussen – also eine artgerechte, an-

Zu neuen Taten bereit

gemessene Ernährung, gute Haltungsbedingungen und eine vernünftige Krankheitsverhütung, zum Beispiel durch Impfungen. Da es bei jedem Hund Unterschiede der äußeren Bedingungen gibt, variiert die Gewichtsentwicklung von Individuum zu Individuum ein wenig. Das bedeutet, daß es immer Abweichungen des altersentsprechenden Körpergewichtes von den wissenschaftlich ermittelten Durchschnittswerten gibt. Diese Unterschiede sind aber nicht nur von wissenschaftlichem Wert. In der Praxis ergeben sich aus den natürlichen Differenzen bei der Wachstumsgeschwindigkeit Unterschiede beim Bedarf der wachsenden Hunde an Energie, Eiweißen und insbesondere auch Mineralstoffen. Dies muß bei der Ernährung von Welpen und Junghunden bedacht und einkalkuliert werden.

Das Verdauungssystem und der Stoffwechsel von Welpen weisen eine Reihe von Besonderheiten auf. Der Magen ist noch relativ klein, so daß nur eine begrenzte Menge Nahrung aufgenommen werden kann. Diese eingeschränkte Speicherfunktion des Magens macht eine häufige Nahrungsaufnahme notwendig.

Einige Körpergewebe beziehungsweise Organsysteme sind während der ersten Lebensmonate ganz besonders auf eine richtig zusammengesetzte Nahrung angewiesen, um sich so entwickeln zu können, wie es die Natur vorgesehen hat. Hierzu gehören Bewegungsapparat, Abwehrsystem, Fortpflanzungssystem, Haut und Fell sowie Lunge und Atemwege. Anders als das Herz-Kreislauf-System des jungen Hundes, das sich schon im Mutterleib fast vollständig entwickelt hat, reift beispielsweise der Bewegungsapparat erst später aus.

So sind nach der Geburt zwar sämtliche Knochen beim Welpen angelegt und vorhanden, bestehen aber überwiegend noch aus Knorpel, also einem Gewebetyp, der zwar sehr elastisch ist, jedoch nur eine geringe Festigkeit hat. Dieses bindegewebige Gerüst wandelt der Organismus nach und nach zum tragfähigen Knochen um, indem er Mineralstoffe – vor allem Kalzium und Phosphor – einlagert. So entwickelt der Junghund im Laufe vieler Monate die biologisch notwendige Festigkeit seiner Knochen. Solange bleibt den noch nicht voll mineralisierten Knochen die Möglichkeit, weiterzu wachsen. Erst gegen Ende der Wachstumsperiode des Hundes verschließen sich die Wachstumsfugen der Knochen, die bis dahin ein Längenwachstum ermöglicht haben.

Im gesamten Zeitraum der Knochenbildung muß also die Zusammensetzung der Nahrung optimal auf die Bedürfnisse des Knochenwachstums eingestellt sein. Junge Hunde haben keinen Schutzmechanismus vor überhöhter Kalziumzufuhr mit der Nahrung wie erwachsene Tiere.

Unter dem Einfluß von Hormonen wird ein eventueller Kalziumüberschuß überwiegend in den Knochen eingelagert, was im Endeffekt zu einer gesteigerten und gleichzeitig gestörten Verknöcherung führt. Die daraus resultierenden Skelettdeformierungen und Bewegungseinschränkungen sind im späteren Lebensalter nicht wiedergutzumachen. Die Empfehlung, Junghunden eine Kalziumergänzung – selbst bei Verwendung einer vollständigen und richtig bilanzierten Vollnahrung – zukommen zu lassen, ist wissenschaftlich nicht haltbar. Wegen der möglichen Gefahren ist die Gabe von kalziumreichen Nahrungsadditiven deswegen zu vermeiden.

- Wachsende Hunde haben einen höheren Energiebedarf.
- Das heranwachsende Skelett braucht mehr als doppelt so viele Mineralstoffe.
- Spezielle Welpennahrung deckt alle Bedürfnisse ab.

Fertignahrung ist hochwertig, sicher und bequem

Wie wir gesehen haben, benötigen Hunde sehr viele verschiedene Nährstoffe. Diese müssen nicht nur in der optimalen Menge, sondern auch im

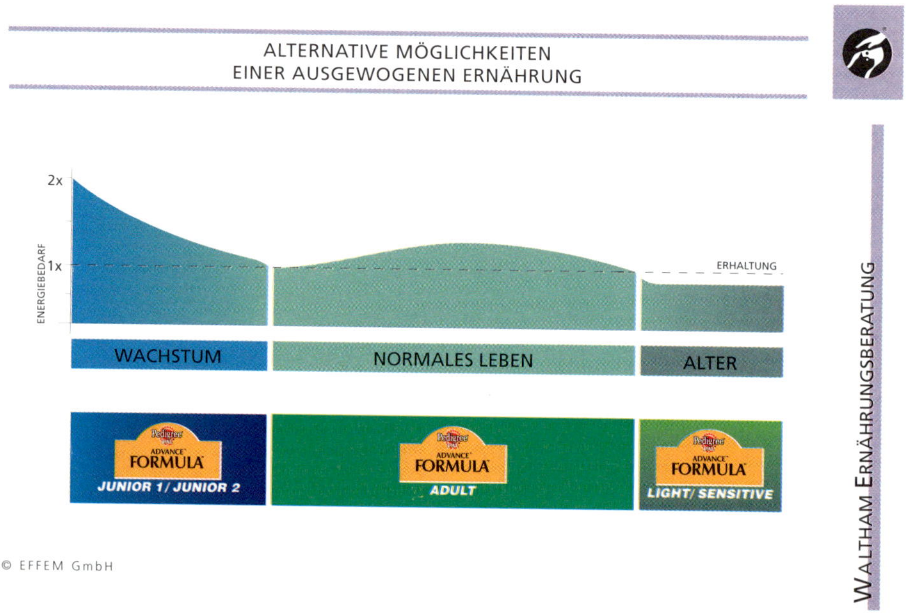

richtigen Verhältnis zueinander in der Nahrung sein. Hinzu kommen besondere Lebenssituationen wie Wachstum, Phasen hoher körperlicher Belastung, Trächtigkeit oder Alter. Jede dieser Situationen bringt veränderte Nährstoffansprüche mit sich.

Verdaulichkeit und Schmackhaftigkeit des Futters sollen auch gewährleistet sein, damit der Hund den Napf leert. Wollten wir unserem Hund selbst die tägliche Nahrung bereiten, hätten wir das alles zu beachten. Wir müßten den Gehalt der Ausgangsmaterialien an Eiweißen, Fetten, Mineralstoffen und Vitaminen genau kennen. Wer jedoch mißt die Menge essentieller Aminosäuren oder den Vitamingehalt eines Stückes Fleisch? Wieviel Kalzium ist denn nun in der Messerspitze Futterkalk enthalten? Und was ist mit der Zeit, die wir für die tägliche Futterration unseres vierbeinigen Freundes benötigen würden? Am sichersten ist die Verwendung qualitativ hochwertiger Fertignahrung, wie sie von verantwortungsbewußten, erfolgreichen Züchtern empfohlen wird. Alle Nährstoffe sind in richtiger Menge und optimalem Verhältnis enthalten. Man kann genau portionieren, die Fütterung ist sauber, schnell und bequem. Das deutsche Futtermittelrecht regelt die Zusammensetzung streng und genau. Es dürfen nur einwandfreie Rohmaterialien von gesunden Tieren und Pflanzen verwendet werden. Fertignahrung ist also der beste und sicherste Weg, unseren Hund richtig und gesund zu ernähren. Und schmecken wird es ihm ganz gewiß.

- Futterselbstzubereitung ist kompliziert, zeitraubend und erfordert Spezialkenntnisse.
- Fertignahrung ist sicher, hat hohe Qualität und erfüllt alle Nährstoffansprüche des Hundes.

Wichtige Tips zur Fütterung Ihres Hundes

1. Bei der Verwendung von Fertignahrungsmitteln, die als „Alleinfutter“ deklariert sind, erhält Ihr Hund alle lebensnotwendigen Nährstoffe in ausgewogener Zusammensetzung für ein langes, gesundes Hundeleben.
2. Ein Welpe braucht zu Beginn seines Lebens etwa doppelt so viele Nährstoffe und Energie wie ein ausgewachsener Hund, deshalb füttern Sie in der Wachstumsphase ein Fertigfutter, welches für wachsende Hunde bestimmt ist.
3. Verwenden Sie als Milchersatz für Saugwelpen nur spezielle Welpenmilchprodukte, Kuhmilch ist auf keinen Fall zu empfehlen, da sie nicht eiweiß- und fettreich genug ist und zu Durchfällen führen kann.
4. Achten Sie darauf, Futterumstellungen langsam und schrittweise über fünf Tage durchzuführen, so

Hunde soviel wie auf die Schöße passen!

daß sich der Verdauungstrakt des Hundes an die neue Nahrung gewöhnen kann.

5. Füttern Sie stets zur gleichen Zeit und möglichst am gleichen Ort weder zu heiß noch zu kalt (nicht direkt aus dem Kühlschrank).
6. Bieten Sie ihrem Hund nur die Futtermenge an, die er auch auffrißt, keine Futterreste stehen lassen.
7. Frisches Wasser zum Trinken sollte Ihr Hund stets zur Verfügung haben.
8. Füttern Sie Fleisch bitte nur im abgekochten Zustand, bei der Fütterung von rohem Fleisch besteht Infektionsgefahr.
9. Bei der Verwendung eines hochwertigen Fertigfutters brauchen Sie keinerlei Zusatzstoffe oder Ergänzungsfuttermittel zusätzlich zu füttern.
10. Bei älteren Hunden ist die Futtermenge in 2–3 Mahlzeiten aufzuteilen. Die verwendeten Eiweiße müssen hochwertig und hochverdaulich sein.

Gesundheit

Vorbeugen ist besser als Heilen

Artgerechte Haltung, Pflege und Ernährung sind Voraussetzungen für die Gesundheit. Das seelische Wohlbefinden des Hundes ist so wichtig wie das körperliche. Der gesunde Hund nimmt aufmerksam und lebhaft Anteil an seiner Umgebung. Er ist kräftig und ausdauernd. In der Ruhe atmet er 10- bis 20mal, das Herz schlägt 70- bis 100mal in der Minute. Die Körpertemperatur liegt um 38,5 °C. Gesundheit ist nicht nur „Freisein von Krankheiten", sie schließt auch Widerstandskraft gegen Infektionen ein.

Das Haarkleid schützt nicht nur gegen Wind und Wetter, es ist auch Zeichen von Gesundheit. Stumpfes Haar, ständiger Haarausfall und starker Geruch deuten auf innere Erkrankungen hin. Die Haut soll frei von Schuppen und Rötungen sein, kein Juckreiz soll den Hund plagen.

Flöhe, Läuse und Haarlinge kann auch der gepflegteste Hund von einer Hundebegegnung mitbringen. Bei Juckreiz wird als erstes die Haut auf Flohstiche – bis zu linsengroße, geschwollene Rötungen – und das Fell auf Parasitenkot – kleine schwarze Pünktchen – abgesucht. Lieblingssitze der ungebetenen Gäste sind die Innenflächen der Hinterbeine, die „Achselhöhlen" und die Ohrmuscheln. Bei leichtem Befall genügt ein Flohpuder oder -spray. Wirksamer sind Waschlösungen, die das Fell bis auf die Haut benetzen, oder verschreibungspflichtige Mittel, die auf die Haut getropft werden und bis zu vier Wochen wirken. Das Ablecken solcher Mittel muß aber unbedingt verhindert werden. „Anti-Floh-Halsbänder" geben bis zu vier Monaten gas- oder puderförmige Wirkstoffe ab. In Hundehütten können bei einigen Halsbändern Giftgaskonzentrationen auftreten, die auch für den Hund bedenklich sind. Manche Halsbänder verlieren zudem durch Nässe an Wirksamkeit. Bei Flohbefall muß immer das Lager des Hundes mitbehandelt werden. Moderne Spezialmittel töten dabei nicht nur „erwachsene" Flöhe, sondern stoppen auch die weitere Entwicklung der Flohlarven. Hundedecken werden am besten ausgekocht, Teppiche regelmäßig gesaugt und Stroh in der Hütte gewechselt.

Zecken lassen sich aus dem Gebüsch auf den Hund fallen, beißen sich in der Haut fest und saugen sich mit Blut voll. Je länger sie saugen, de-

Wettschwimmen

sto größer ist in bestimmten verseuchten Gegenden die Gefahr, daß eine für Hunde gefährliche Infektionskrankheit, die Borreliose, übertragen wird. Deshalb sollten Zecken so rasch wie möglich entfernt werden. Sie dürfen aber nicht einfach ausgerissen werden, weil dabei die Beißwerkzeuge in der Haut steckenbleiben und Entzündungen verursachen können. Am besten erfaßt man die Zecke mit einer Spezialpinzette und hebelt sie drehend aus der Haut heraus. Auf keinen Fall darf eine Zecke mit Alkohol betäubt oder mit Öl erstickt werden. Im Todeskampf gibt sie ihren Speichel in die Blutbahn des Hundes ab und damit eventuell Erreger einer Infektion. Inzwischen gibt es, allerdings nur beim Tierarzt, ein Anti-Zecken- und -Flohhalsband, das den Befall mit Zecken weitgehend und das Blutsaugen sicher verhindert.

Die Ohren sollten alle vier Wochen gereinigt werden. Mit Wattestäbchen kann man das Trommelfell zwar kaum verletzen, das Ohrenschmalz aber in der Tiefe zusammenstopfen. Besser ist ein alkoholischer Ohrreiniger, der randvoll ins Ohr eingegossen und bei zugedrückter Ohrmuschel durchmassiert wird. Das gelöste Ohrenschmalz kann der Hund dann selbst ausschütteln, vorzugsweise im Freien.

Dunkle, übelriechende Beläge im Ohr zeigen eine Entzündung an. Meist wird sich der Hund dann auch am Ohr oder – scheinbar – am Halsband kratzen und den Kopf schütteln. Ursache des „Ohrenzwanges“ können Ohrenmilben, Grasgrannen oder andere Fremdkörper sowie Bakterien und Pilze sein. Wenn zwei- bis dreimalige gründliche Reinigung mit dem Ohrreiniger keine Besserung bringt, ist eine gezielte Behandlung erforderlich.

Die Augen werden mit einem Stückchen Mullbinde oder einem Taschentuch vom „Schlaf“ gereinigt. Fusseln von Watte oder Papiertaschentüchern reizen die Schleimhäute. Bindehautentzündungen können auch durch Zugluft, Staub oder starke Sonne verursacht werden. Zur Linderung werden Augentropfen in den heruntergezogenen Bindehautsack geträufelt. Borwasser wird heute nicht mehr verwendet, weil feine Kristalle als Fremdkörper wirken können. Länger andauernder wäßriger, schleimiger oder eitriger Augenausfluß sollte nicht mit Hausmitteln kuriert werden. Es könnte eine Infektion vorliegen. Wucherungen auf der Rückseite der Nickhaut müssen meist operativ behandelt werden.

Die Zähne werden durch Hundekuchen oder Knochen ausreichend gereinigt. Auch die Tortur des Zähneputzens kann Zahnstein kaum verhindern. Zur Entfernung weicher Beläge eignet sich am ehesten ein Wattebausch, getränkt mit dreiprozentiger Wasserstoffsuperoxydlösung. Zahnstein ist ein fest anhaftender brauner Belag aus verhärteten Salzen. Fauliger Mundgeruch durch Zahnfleischentzündungen und -vereiterungen sowie Zahnausfall sind die Folgen. Zahnstein sollte frühzeitig fachkundig entfernt werden.

Lose Zähne müssen gezogen werden. Da der Hund keine Beute jagen, festhalten oder zerreißen muß, kann er auf schmerzende Zähne gut verzichten. Nach Entfernung der Eiterherde wird er sich auch allgemein wohler fühlen, denn sie können den Körper vergiften und zum Beispiel chronische Herzklappenentzündungen auslösen.

Die Analbeutel sollen eigentlich bei jedem Kotabsatz eine individuelle Duftmarke zur Revierkennzeichnung hinterlassen. Infolge der Domestikation funktioniert die Entleerung häufig nicht richtig. Sekretstauungen sind die Folge; den Juckreiz versucht der Hund vergeblich durch Rutschen auf dem After zu beseitigen. Dieses „Schlittenfahren“ ist entgegen landläufiger Vermutung fast nie auf Wurmbefall zurückzuführen. Stark gefüllte Analbeutel müssen fachkundig ausgedrückt, vereiterte müssen tierärztlich behandelt werden.

Die Krallen werden nur bei regelmäßigem Auslauf auf hartem Untergrund ausreichend abgelaufen. Nur bei krankhaftem Hornwachstum oder Stellungsfehlern müssen sie geschnitten werden. Dabei soll die in der Kralle verlaufende Ader nicht verletzt werden. „Wolfskrallen“, Überbleibsel der an sich verkümmerten fünften Zehe an Vorder- und Hinterläufen, können bei Verletzungen stark bluten. Sie sollten vorsorglich amputiert werden. Das geschieht üblicherweise schon bei neugeborenen Welpen.

Erste Hilfe tut not

Hautverletzungen müssen genau inspiziert werden. Oberflächliche Abschürfungen und Schrunden können mit Hausmitteln behandelt werden. Auf jeden Fall werden im Bereich der Verletzungen die Haare mit einer gebogenen Schere kurz abgeschnitten. Sie verkleben sonst mit dem Wundsekret; Vereiterung ist die Folge. Die Wunde wird mit Wundgel, -spray oder -tinktur behandelt. Fetthaltige Salben behindern den heilungsfördernden Luftzutritt, Puder verkrustet.

Bei tieferen Wunden mit Durchtrennung der Haut sollte umgehend ein Tierarzt hinzugezogen werden. Bei Beißereien und Stacheldrahtverletzungen wird die Haut oft vom Körper losgerissen, so daß tiefe Taschen zu versorgen sind. Von Fall zu Fall ist zu prüfen, ob eine „offene Wundbehandlung“ oder eine Naht besser ist. Nur frische Wunden können mit Aussicht auf komplikationslose Heilung genäht werden.

Eine offene, aus der Tiefe nässende oder eiternde Wunde darf der Hund belecken. In allen anderen Fällen wird die Wundheilung behindert, weil die zarten Heilungszellen am Wundrand gestört werden. Das Belecken von Wunden und das Abreißen von Verbänden können durch einen Halskragen verhindert werden. Aus einem passenden Kunststoffeimer wird der Boden herausgeschnitten. Die Schnittkanten werden abgepolstert, an vier Stellen durchlöchert und mit Bindfäden versehen, die am Lederhalsband festgebunden werden.

Wundstarrkrampf ist beim Hund selten. Impfungen sind daher nicht üblich. Zur Vorbeugung sollen Wunden ausbluten und nicht luftdicht abgedeckt werden. Wenn größere Adern verletzt sind, kommt es zu andauernden, starken Blutungen. Häufig tritt Blut im Strahl aus. Dann muß zur Ersten Hilfe ein Druckverband angelegt werden. An ungünstigen Körperstellen wie am Kopf kann auch von Hand eine Kompresse aufgedrückt werden. Gliedmaßen können abgebunden werden, die Abbindung muß aber viertelstündlich kurz gelöst werden. In solchen Fällen ist stets umgehend tierärztliche Hilfe erforderlich.

Unfälle können auch zu inneren Verletzungen und Gehirnerschütterungen führen. Bei Bewußtseinstrübungen soll nie Flüssigkeit eingeflößt werden. Die Maulschleimhaut kann aber mit Kaffee, Tee oder auch einfach mit Wasser befeuchtet werden. Der Hund wird vorsichtig getragen oder seitlich mit tiefliegendem Kopf und herausgezogener Zunge auf einer Decke gelagert, die, von zwei Personen an den Ecken strammgezogen, auch als „Tragbahre“ dient. Am Unfallort sind meistens die Diagnose und vor allem eine wirksame Schockbehandlung erschwert. Telefonisch sollte zur Vermeidung unnötiger Wege und Zeiten ein dienstbereiter Tierarzt verständigt und umgehend aufgesucht werden.

Lahmheiten können viele Ursachen haben. Als erstes wird die Pfote untersucht. Dornen oder Splitter werden ausgezogen. Verfilzte Haare drücken zwischen den Ballen wie ein Stein im Schuh; sie werden daher vorsichtig ausgeschnitten. Wunde Stellen werden wie Hautverletzungen behandelt. Im Winter müssen Streusalzreste von den Pfoten abgewaschen werden. Bei Krallenbettentzündungen können warme Kamillen- oder Seifenbäder Linderung bringen. Lose Krallenteile werden an der Bruchstelle beherzt abgeschnitten. In vielen Fällen ist ein Verband erforderlich. Er muß fachkundig angelegt werden, um Druckstellen zu vermeiden.

Der Große und der Kleine

Bei Schwellungen, Prellungen und Verstauchungen kann das Fell des betroffenen Körperteils mehrmals täglich mit kaltem Wasser durchnäßt werden. Das wirkt wie ein Kühlverband, lindert den Schmerz und hemmt – frühzeitig angewendet – weitere Schwellungen. Wenn ein Bein überhaupt nicht belastet wird, besteht Verdacht auf Knochenbruch. Bei stark abnormer Beweglichkeit können die Gliedmaße durch eine Notschiene ruhiggestellt werden.

Andauernde, wiederkehrende oder sich verschlimmernde Bewegungsstörungen sind stets ein Fall für den Tierarzt. Das Humpeln auf einem Hinterbein wird nicht selten durch eine Ausrenkung der Kniescheibe oder durch Riß von Bändern bedingt, die operativ fixiert werden müssen.

Vergiftungen sind meist „Unglücksfälle“ und nur selten böse Absicht. Rattengift kann bei unsachgemäßem Auslegen direkt, aber auch mit vergifteten Nagetieren aufgenommen werden. Meist handelt es sich um Cumarinpräparate, die zu inneren Blutungen führen. Vorsicht ist auch bei Schädlings- und Unkrautbekämpfungs- sowie bei Frostschutzmitteln geboten. Hochgiftige Thallium-, Zinkphosphid- und Arsenzubereitungen, Blausäure und Strychnin sind heute gottlob kaum noch erhältlich. Die besten Überlebenschancen bestehen, wenn man „nach frischer Tat“ das Gift wieder aus dem Magen herausbefördern kann. Der Tierarzt kann Erbrechen durch eine Spritze auslösen, der Laie durch Eingeben von zwei bis drei Teelöffeln Salz. Nach dem Erbrechen kann eine Aufschwemmung von etwa zehn Kohlekompretten eingeflößt werden. Milch wird nicht gegeben, weil verschiedene Gifte fettlöslich sind.

Etwa vorhandene Hinweise auf die Art des Giftes ermöglichen eine rechtzeitige, gezielte tierärztliche Behandlung. Ungewisser sind die Aussichten, wenn Vergiftungsfolgen wie Krämpfe, Mattigkeit oder Brechdurchfall schon eingetreten sind, die Ursache aber nur vermutet werden kann. Eine genaue Diagnose ist oft erst durch Spätschäden wie Blutungen oder Haarausfall möglich. Dann kann es für eine Rettung bereits zu spät sein.

Durchfall ohne Fieber bessert sich häufig nach einem Fastentag: Der Hund erhält ausschließlich stark verdünnten Tee mit einer Prise Salz, aber ohne Zucker. Zur Geschmacksverbesserung ist Süßstoff erlaubt. Zusätzlich ist es nie verkehrt, eine Aufschwemmung von Kohlekompretten einzugeben. Keinesfalls darf Durchfall mit Wasserentzug „behandelt“ werden; der Körper würde zu stark austrocknen. Am zweiten Tag erhält der Hund in kleinen Portionen ein Diätfutter, zum Beispiel Beefsteakhack, Schmelzflocken und rohen geriebenen Apfel.

Am dritten Tag muß der Kot zumindest wieder dickbreiig sein.

Verstopfungen lassen sich oft durch rohe Leber oder Milz oder einige Teelöffel süßer Dosenmilch beheben. Bei krampfhaft vergeblichem Drängen kann ein Mikroklistier Erfolg bringen. Bei einer Verhärtung von Knochenteilen im Enddarm hilft allerdings meist nur ein fachgerechter Einlauf.

Erbrechen ist keine selbständige Krankheit. Einmaliges Erbrechen kann durch zu hastiges Fressen, zu kaltes Futter oder Aufnahme von Fremdkörpern ausgelöst werden. Gelegentliches Erbrechen ist beim Hund ohne große Bedeutung. Um zu erbrechen frißt der Hund häufig Gras. Geschieht das regelmäßig oder wird ständig das Futter erbrochen, muß ein Tierarzt hinzugezogen werden. Auch Durchfall und Erbrechen mit Fieber sind kein Fall für Hausmittel.

Scheinschwangerschaft tritt bei manchen Hündinnen etwa acht Wochen nach der Läufigkeit auf. Sie sind unruhig, „bemuttern" irgendwelche Gegenstände, fressen schlecht und erbrechen gelegentlich. Das Gesäuge schwillt, Milch bildet sich. Abhilfe schafft häufig wenig Fressen und Trinken bei viel Bewegung und Beschäftigung. Das Gesäuge kann mehrmals täglich mit kaltem Wasser befeuchtet werden, um Schwellung und Milchproduktion zu hemmen. Keineswegs soll die Milch ausgedrückt werden. Damit würde nur die weitere Milchbildung angeregt. Bei sehr starker Gesäugeschwellung und trotz Hausmitteln nicht nachlassenden Erscheinungen muß der Tierarzt verständigt werden.

Insektenstiche, vor allem durch das Schnappen nach Wespen und Bienen verursacht, können schnell zu erheblichen Schwellungen am Kopf oder, noch schlimmer, im Rachen führen. Äußerliche Kühlung mit Eiswürfeln und eine Tablette gegen Allergie ersparen oft nicht die möglichst rasche tierärztliche Behandlung.

Alarmzeichen

Fieber ist eine Abwehrreaktion des Körpers, meist auf Infektionen. Die Hundenase kann auch beim kranken Hund feucht und kühl sein. Die Temperatur muß mit einem Fieberthermometer (je nach Modell bis zu fünf Minuten) im Mastdarm gemessen werden. Sie darf nicht über 39 °C liegen. Untertemperaturen unter 37,5 °C entstehen infolge einer Reduzierung der Stoffwechselvorgänge häufig vor dem Tod.

Husten, als ob ein Knochen im Hals säße, tritt bei Mandelentzündungen auf. Ernstere Infektionen wie Zwingerhusten oder gar Staupe könnten auch vorliegen. Pumpende Atmung entsteht durch eine Lungenentzündung, aber auch durch Wasseran-

Mitten im Gewühl steckt auch noch ein schwarzer Scottie

sammlung in der Lunge, zum Beispiel infolge von Vergiftungen. Bei alten Hunden kann der damit verbundene Husten auch auf eine Herzschwäche zurückzuführen sein. Bauchpressen und Aufblasen der Backen sind Zeichen höchster Atemnot.

Schleimhäute im Auge und im Fang geben Hinweis auf innere Erkrankungen: Blässe deutet auf Blutarmut hin, Gelbfärbung auf Leberschäden mit Gelbsucht, Blutungen auf schwere Infektionen oder Vergiftungen, eine bläuliche Färbung tritt bei Herz- und Kreislaufschwäche auf.

Kot und Urin mit Blutbeimengungen lassen krankhafte Veränderungen erkennen. Bei Blutungen im Magen und in den vorderen Darmabschnitten kann der Stuhl durch das verdaute Blut pechschwarz aussehen. Nierenerkrankungen können auch mit erhöhtem Durst verbunden sein. Wenn Mattigkeit und Mundgeruch hinzukommen, ist meist bereits eine Harnvergiftung eingetreten. Harnsteine, Blasenriß oder Vergiftungen können dazu führen, daß überhaupt kein Urin mehr abgesetzt wird; dann besteht höchste Gefahr. Geschwülste, Prostatavergrößerungen und Mastdarmveränderungen erschweren den Kotabsatz. Verhärtete Knochenteile können den Enddarm völlig verstopfen. Erbrechen und zunehmende Mattigkeit bei fehlendem Kotabsatz sprechen für Darmverschluß oder einen Fremdkörper im Darm.

Speicheln wird im harmlosesten Fall durch Fremdkörper in der Maulhöhle oder durch lose Zähne verursacht, bedenklicher wäre eine E 605-Vergiftung oder Pseudowut, schlimmstenfalls ist an Tollwut zu denken.

Umfangsvermehrungen des Bauches bei sonst normalem Ernährungszustand oder zunehmende Abmagerung können durch Tumore oder Bauchhöhlenwasser hervorgerufen werden. Bei einer Gebärmuttervereiterung besteht gleichzeitig fast immer starker Durst, gelegentlich auch Scheidenausfluß. Eine plötzliche Aufblähung des Bauches mit Kolik und Kreislaufschwäche, bedingt durch eine Magendrehung, erfordert unverzügliche Operation. Eine Entzündung der Kaumuskeln mit Schwellung und Verhärtung sowie hervortretenden Augäpfeln muß sofort tierärztlich behandelt werden.

Infektionen bedrohen die Gesundheit

Staupe und ansteckende Leberentzündung (Hepatitis) sind Viruskrankheiten, die für Junghunde besonders gefährlich sind, aber auch ältere Hunde befallen. Staupe beginnt mit einem häufig kaum merkbaren, kurzen Fieber, dem nach etwa acht Tagen eine schwere Lungenentzündung mit eitrigem Augen- und Nasenausfluß oder ein Durchfall folgt.

Eine besondere Verlaufsform ist mit einer Verhärtung der Ballen verbunden. Nach scheinbarer Besserung treten nervöse Erscheinungen bis hin zu Krämpfen auf, die meistens zum Tod führen. Nach überstandener Staupe bleibt häufig ein nervöses Zucken der Kopfmuskeln, der „Staupetick", nach Erkrankungen im Junghundealter das „Staupegebiß" mit erheblichen Zahnschmelzdefekten zurück. Die ansteckende Leberentzündung verläuft ähnlich, mit hohem Fieber, Apathie und Appetitlosigkeit. Hornhauttrübungen können bleibende Folgeschäden sein.

Stuttgarter Hundeseuche (Leptospirose) wird durch Bakterien verursacht und von Hund zu Hund übertragen. Sie beginnt häufig mit einer Schwäche in den Hinterbeinen. Geschwüre im Maul, Magen und Darm sind mit aasartig-faulem Maulgeruch und blutigem Durchfall verbunden.

Tollwut tritt bei Hunden nur noch selten auf. Die Seuche wird vor allem durch Füchse übertragen. Hinweisschilder warnen in gefährdeten Gebieten vor Tollwut. Die Krankheit ist besonders tückisch: Die typischen

Wuterscheinungen mit heiserem Gebell, Wasserscheue, Unruhe und unmotivierter Beißwut fehlen häufig. Die „stille Wut" ist im Anfangsstadium schwer zu erkennen. Ein erkranktes Tier stirbt immer.

Parvovirose ist eine Viruskrankheit, die sich bei Hunden aller Altersgruppen in schweren, durch Erbrechen und Durchfall gekennzeichneten Erkrankungen äußert.

Bei Welpen kann plötzlicher Herztod auftreten. Der Erreger ähnelt dem Katzenseuchevirus; eine wechselseitige Ansteckung zwischen Hund und Katze ist jedoch nicht möglich. Die Ansteckung erfolgt über Ausscheidungen von Hund zu Hund, aber auch durch Verschleppung angetrockneter Ausscheidungen, zum Beispiel an Kleidungsstücken.

Impfungen schützen vor diesen Infektionskrankheiten

Welpen in gefährdeten Zuchten oder ungeimpfte Hunde mit verdächtigen Krankheitserscheinungen können mit einem Serum behandelt werden, das fertige spezifische Abwehrstoffe enthält. Diese „passive Immunisierung" schützt aber nur für zwei bis drei Wochen. Der Käufer eines Hundes sollte den Impfpaß daraufhin genau prüfen.

Länger dauernden Schutz vermittelt nur die „aktive" Schutzimpfung. Dabei werden abgeschwächte oder abgetötete Infektionserreger eingeimpft. Der Körper reagiert darauf mit der Bildung eigener Abwehrstoffe. Bei den heute üblichen Kombinationsstoffen kennzeichnen die Buchstaben S, H, L, T und P die Wirksamkeit gegen die in Frage kommenden Seuchen. Welpen werden mit sechs bis acht Wochen das erste Mal geimpft und müssen dann mit etwa zwölf Wochen nach Impfplan nachgeimpft werden. Bei älteren Hunden genügt eine einmalige Grundimmunisierung.

Der einmal gebildete Impfschutz baut sich im Laufe der Zeit ab. Kommt der Hund mit betreffenden Seuchenerregern in Berührung, so wird die Antikörperbildung aufgefrischt. Ist der Impfschutz aber bereits zu stark abgesunken, kann der Hund erkranken. Deshalb sind Auffrischungsimpfungen im Abstand von ein bis zwei Jahren erforderlich. Gegen die seit einiger Zeit wieder in bedrohlichem Umfang auftretende Staupe ist die **jährliche** Impfung dringend zu empfehlen, zumal bei einigen Kombinationsimpfstoffen der Staupeschutz ein Schwachpunkt zu sein scheint.

Ein sicherer Impfschutz des Hundes ist auch für den Menschen wichtig. Erkrankte Hunde können Leptospiren übertragen, die beim Menschen das „Canicola-Fieber“ oder die „Weilsche Krankheit“ hervorrufen. Hundetollwut ist wegen des engen Kontaktes für Menschen viel gefährlicher als Wildtollwut. Geimpfte Hunde übertragen keine Tollwut. Nach einem Kontakt mit verdächtigem Wild brauchen sie deshalb auch nicht getötet zu werden, wie dies für ungeimpfte Hunde gesetzlich vorgeschrieben ist.

Gegen andere Infektionen schützt Vorsicht

Toxoplasmose wird durch einzellige Schmarotzer hervorgerufen. Ihr Stammwirt ist die Katze. Bei anderen Tieren werden ansteckungsfähige Dauerformen gebildet. Hunde erkranken überwiegend durch infiziertes Schweinefleisch. Für die Ansteckung des Menschen wurden sie früher zu Unrecht verantwortlich gemacht.

Aujeszkysche Krankheit wird ebenfalls durch Schweinefleisch übertragen. Unstillbarer Juckreiz, Unruhe, Ängstlichkeit und Speichelfluß haben gewisse Ähnlichkeit mit Tollwut. Die Krankheit wird daher auch „Pseudowut“ genannt. Schweinefleisch und in der Zusammensetzung unbekannte Fleischmischungen, zum Beispiel aus Supermärkten, müssen deshalb gut durchgekocht werden. Fertigfutter und Rindfleisch sind dagegen unbedenklich.

Dick einbandagiert – da heißt es Ruhe halten

Zwingerhusten tritt vor allem in Tierheimen und Hundehandlungen auf. Unter begünstigenden Umständen lösen Viren und Bakterien gemeinsam Entzündungen von Luftröhre und Bronchien aus. Kennzeichnend ist ein kurzer, trockener Husten. Sekundärinfektionen können den Krankheitsverlauf verschlimmern. Während des Urlaubs sollte man seinen Hund nicht in unbekannte Heime oder Pensionen geben oder ihn vorsorglich auch gegen Zwingerhusten impfen lassen.

Wurmkuren gegen unerwünschte Kostgänger

Spulwürmer können bei Junghunden zu Verdauungs- und Entwicklungsstörungen, zu Vergiftungserscheinungen und sogar zum Tod führen. Fast alle Welpen werden im Mutterleib mit Spulwürmern infiziert. Die ersten Wurmkuren soll schon der Züchter durchführen. Junghunde werden vierteljährlich entwurmt. Ältere Hunde beherbergen nur noch einzelne Würmer. Sie richten zwar keinen großen Schaden an, sind aber eine ständige Infektionsquelle. Hündinnen sollten zumindest sechs Wochen nach jeder Läufigkeit, Rüden mindestens einmal jährlich entwurmt werden. Bei festgestelltem Wurmbefall ist eine sofortige Entwurmung mit einer Wiederholungsbehandlung nach zwei bis drei Wochen erforderlich. Rohe Möhren garantieren keine Wurmfreiheit. Wirksame und verträgliche Mittel sind verschreibungspflichtig. Sie wirken auch gegen andere Rundwurmarten, zum Beispiel gegen Hakenwürmer.

Spulwürmer sind auf ihre Wirtstierarten spezialisiert; wenn der Mensch Hundespulwurmeier aufnimmt, schlüpfen zwar Larven und beginnen ihre Wanderung im Körper, sie bleiben jedoch in Organen oder Muskeln stecken und können dort schmerzhafte Entzündungen verursachen. Besonders gefährdet sind „Krabbelkinder“. Wurmkuren dienen daher auch dem Gesundheitsschutz der Familie.

Bandwürmer brauchen für ihre Entwicklung stets einen Zwischenwirt. Für den Hundebandwurm ist dies der Floh. Er nimmt die Wurmeier auf, aus denen sich eine Finne entwickelt. Der Hund „knackt“ den Floh, die Finne wächst im Hundedarm zum fertigen Bandwurm aus. Mit dem Kot erscheinen nach geraumer Zeit einzelne kürbisförmige, anfangs noch bewegliche Bandwurmglieder oder ein längeres, deutlich gegliedertes Wurmende.

Es gibt heute neben speziellen Spulwurm- und Bandwurmmitteln auch Präparate, die gegen beide Parasitenformen wirksam und dabei gut verträglich sind. Empfehlenswert ist eine systematische vierteljährliche Bandwurmbehandlung des Hundes. Zur Bandwurmkur gehört stets eine Flohbehandlung von Hund und Lager.

Besonders bei Jagdhunden kann auch der „gesägte Bandwurm“ auftreten, dessen Zwischenwirte Hasen und Kaninchen sind. Andere Bandwurmarten, die durch Fisch oder Wild, Rinder- oder Schafeingeweide übertragen werden, kommen seltener vor. Dazu zählt der „dreigliedrige Bandwurm“, der auch dem Menschen gefährlich werden kann. Der Hund sollte zur Vorbeuge keine rohen „Konfiskat“-Innereien erhalten und daran gehindert werden, Kadaver von Wild-

Beim Agility

tieren anzufressen. Für Menschen besonders gefährlich ist der vor allem in einigen Gegenden Mittel- und Süddeutschlands verbreitete „Fuchsbandwurm“, der auch durch Hunde übertragen werden kann. Neben regelmäßigen Bandwurmkuren ist es die beste Vorbeuge, den Hund in Wald und Flur anzuleinen.

Gefahren für die menschliche Gesundheit?

Impfungen und Wurmkuren schränken Ansteckungsgefahren ein. Hygiene tut ein übriges: Selbstverständlich hat der Hund sein eigenes Lager und Futtergeschirr; beides ist peinlich sauber. Rasen und Wege werden von Hundekot freigehalten. Der Hund wird so erzogen, daß er das Gesicht nicht ableckt. Das Belecken der Hände ist Ausdruck seiner Zuneigung. Man darf sie dulden, denn man kann sich die Hände anschließend waschen. Vorsichtige können Lager, Hütte und andere hygienegefährdete Stellen und Gegenstände regelmäßig desinfizieren. Die Mittel sollen gegen Viren, Bakterien und Pilze wirken. Zur Schnelldesinfektion eignet sich ein „Desinfektspray“, der auch Ektoparasiten abtötet.

Besonders angezeigt sind solche Maßnahmen, wenn der Hund eiternde Wunden, Ekzeme, Furunkel oder eine Vorhaut-, Zahnfleisch- oder Mandelentzündung hat. Diese Infektionen sind konsequent zu behandeln. Eitererreger können auch beim Menschen Komplikationen verursachen. Vorsicht ist stets bei schlecht heilenden oder sich ausbreitenden Ekzemen geboten: Räudemilben sind zwar auf Tierarten „spezialisiert", können jedoch auch beim Menschen juckende Hautrötungen verursachen. Hautpilzinfektionen sind auf Menschen übertragbar. Daher sollte man umgehend eine Spezialuntersuchung und Behandlung veranlassen. Pilzinfektionen entstehen nur, wenn sich die Erreger länger als 12 bis 24 Stunden auf der menschlichen Haut einnisten können. Gründliches Waschen bannt die Gefahr. Zusätzliche Sicherheit bietet ein Handdesinfektionsmittel, das nach Berührung verdächtiger Stellen oder Ausscheidungen in die Hände eingerieben wird.

Allergien sind auch durch größte Sauberkeit nicht immer zu vermeiden. Einige Menschen reagieren bei Kontakt mit Tierhaaren und -hautteilen mit Ausschlägen oder Atembeschwerden. Katzen, Meerschweinchen und Vögel sind viel öfter als Hunde die Auslöser; viele andere pflanzliche und tierische Stoffe kommen hinzu. Die Allergieursache kann von einem Hautarzt durch Spezialtests auf der Haut ermittelt werden. Auf Verdacht braucht also kein Hund abgeschafft zu werden. Und vor der Anschaffung eines Border Terriers brauchen auch gesundheitsbewußte Hundefreunde nicht zurückzuschrecken.

Der Border Terrier im Alter

Border Terrier haben eine sehr hohe Lebenserwartung. Es ist nicht ungewöhnlich, wenn Border Terrier fünfzehn oder sechzehn Jahre, ja sogar noch länger leben, ohne an gravierenden Altersbeschwerden oder Krankheiten zu leiden. Sie bleiben lange gesund und robust. Viele Rüden sind bis ins hohe Alter zeugungsfähig. Border, die in die Jahre kommen, ergrauen an Kopf und Bart, häufig bekommen sie weiße Zehen und Pfoten; später sogar weiße Läufe. Am alternden Border fällt auf, daß er ein größeres Ruhebedürfnis hat und oft schläft. Er sucht – wie alle alten Hunde – noch mehr die Nähe des Menschen und liebt mehr als zuvor ein warmes, weiches Plätzchen.

Andererseits bleiben diese Terrier sehr aktiv, fröhlich und temperamentvoll auf ihren täglichen Spaziergängen oder beim Spiel im Garten. Doch auch hier bemerkt man, daß sie schneller ermüden. Sie schätzen keine kilometerlangen Wanderungen mehr und brauchen zwischendurch eine Ruhepause. Das kannte man früher nicht bei ihnen. Deshalb sollte man dem alten Border nun lieber täglich zwei- bis dreimal einen kürzeren Spaziergang bieten. Dabei ist er dann total fit und mag es sehr. Im Sommer muß man bei großer Hitze unbedingt die Mittagszeit meiden. Es ist ratsam, den alten Hund nicht zu lange direkter Sonneneinstrahlung im Garten oder unterwegs auszusetzen.

Ab dem zehnten Lebensjahr, manchmal auch erst später, wird es gut sein, das Zusammenleben mit dem Border und dessen Haltung etwas umzustellen. Genauso wie die Spaziergänge kürzer, dafür aber mehrmals am Tage gemacht werden, wird auch die Fütterung geändert. Er bekommt nun zwei- oder dreimal täglich eine kleine Mahlzeit. Insgesamt soll die Tagesration jedoch eher geringer sein sein als früher. Der Hund soll nicht an Gewicht zunehmen. Das Futter muß aus hochwertigem Eiweiß und weniger Kohlehydraten bestehen. Dazu gibt man Kalk, Vitamine, Mineralien und ungesättigte Fettsäure, – wie beispielsweise Distelöl. Wenn Sie die Mahlzeiten nicht selbst zubereiten wollen, können Sie auf Industriefutter ausweichen. Es gibt da Produkte, die speziell für alte Hunde entwickelt wurden. Fragen Sie Ihren Tierarzt. Jede Knochenfütterung hat zu unterbleiben, weil damit der Darm zu sehr belastet wird. Man kann in geringen Mengen getrocknete Pansenstangen geben.

14 Jahre alt, aber noch voller Vitalität

Auch der alte Border Terrier wird noch zweimal im Jahr entwurmt und die jährlichen Impfungen dürfen nicht ausgelassen werden. Mindestens einmal im Jahr läßt man seinen „Rentner“ vom Tierarzt gründlich untersuchen. Der Tierarzt wird mit Ihnen besprechen, welche medikamentöse Unterstützung für den alternden Hund zu empfehlen ist, um sein Wohlbefinden zu erhalten.

Weiterhin ist die regelmäßige Fellpflege wichtig. Gründliches Bürsten und Kämmen wird vom Hund als angenehm empfunden und fördert die Durchblutung der Haut. Weil sich der alternde Border ohnehin noch enger an seinen Besitzer anschließt als früher, hat er es besonders gern, wenn dieser ihn umsorgt. Auch der alte Terrier muß noch gelegentlich, wenn das Fell zu lang wird, gezupft werden. Man kann den Border durchaus in guter Haarkondition halten. Allerdings ist es besser, das Trimmen auf mehrere Tage zu verteilen, weil den alten Hund das Stehen auf einem Tisch schnell ermüden wird. Selbstverständlich darf die Kontrolle von Augen und Ohren, besonders der Zähne sowie zu langer Krallen nicht vergessen werden.

Im fortgeschrittenen Alter können Hündinnen Probleme mit Gesäugetumoren und Gebärmutterentzündungen bekommen. Beobachten Sie, ob sich kleine Knoten an den Gesäugesträngen bilden oder ob die Hündin ungewöhnlich viel trinkt. Letzteres könnte allerdings auch andere Gründe haben. Deshalb wenden Sie sich dann schnellstmöglich an Ihren Tierarzt. Bei meinen eigenen Border Terriern habe ich während eines sehr lange Zeitraumes feststellen können, daß keinerlei Gesäugeveränderungen aufgetreten sind. Die Hündinnen waren allerdings auch nie scheinträchtig, was vielleicht auf ein Leben in der Meute zurückzuführen ist.

Als vor etwa zehn Jahren bei zwei neunjährigen Zuchthündinnen eine Gebärmutterentzündung festgestellt und eine Operation dringend nötig wurde, beschloß ich, alle Hündinnen nach ihrem letzten Wurf kastrieren zu lassen. Das ist dann fast wie ein Jungbrunnen. Sie scheinen nach der Operation um zwei, drei Jahre verjüngt. Wie bei alten Menschen läßt auch bei alten Hunden die Sehkraft nach, oder sie werden schwerhörig. Manchmal ist die Schwerhörigkeit einseitig, so daß sich der Hund nicht mehr so gut orientieren kann, woher der Ruf kam, der ihm galt. Dann darf man seinen alten Border Terrier nicht mehr ohne Leine in eine ihm fremde Gegend oder auf die Straße führen. Im gewohnten Gelände und natürlich im Haus findet sich auch der erblindete Hund bestens zurecht, ohne irgendwo anzustoßen. Allerdings sollten möglichst keine großen Möbelstücke umgestellt werden. Für den Border Terrier ist lebenslange menschliche

18 Jahre alter Border Terrier

Zuwendung außerordentlich wichtig. Sie fördert seine Intelligenz, und er lernt leicht und gern alles, was das Zusammenleben mit ihm so erfreulich macht.

Als Besitzer eines alten Borders werden Sie feststellen, daß Ihre Zuwendung und das tägliche Beisammensein ihn in hohem Grade hat verständig werden lassen. Durch den engen Kontakt mit Ihnen hat er alle Ihr Eigenschaften und Gewohnheiten kennengelernt. Er hat Sie „erlebt“. Diese enge Bindung macht den alten Border Terrier so besonders liebenswert, denn noch immer möchte er alles für Sie tun und scheint Ihre Wünsche stets zu verstehen.

Meistens kommt bei dieser Rasse das Ende ziemlich unerwartet. Selten sind Border Terrier lange krank. Oft wird der Zusammenbruch durch einen sogenannten Schlaganfall eingeleitet. Wenn in solchem Fall der Hund schon sehr alt ist, sollte man keine lebensverlängernden Maßnahmen mehr ergreifen. Häufig versucht der Tierarzt mit diversen Mitteln und Injektionen dem Hund noch zu helfen. Selten wird dem Tier damit ein Gefallen getan, eher seinem Besitzer, der sich von seinem Gefährten nicht trennen mag, die Hoffnung auf Genesung nicht aufgeben will und den Tod fürchtet. Lassen Sie Ihren alten, kranken Hund nicht unnötig leiden. Ihm kann man das ersparen. Aber lassen Sie ihn nicht allein, bleiben Sie bei ihm bis zuletzt. In Ihren Armen wird er sich vertrauensvoll die letzte Spritze geben lassen und dann ruhig einschlafen. So hat er es nach einem langen Leben voller Vertrauen und Liebe zu Ihnen verdient.

Anhang

Anschriften, die Sie kennen sollten

Bundesrepublik Deutschland
Verband für das Deutsche
Hundewesen e.V. (VDH)
Westfalendamm 174
44141 Dortmund

Klub für Terrier e. V. von 1894 (KfT)
Postfach 13 28
65442 Kelsterbach/Main

Dänemark
Dansk Terrier Klub
Asøvej 20
DK-4171 Glumsø

Luxemburg
Union Cynologique Saint Hubert
du Grand Duché de Luxemburg
Rue Huberty 42
L-Luxembourg

Österreich
Österreichischer Kynologenverband (ÖKV)
Johann-Teufel-Gasse 8
A-1238 Wien

Österreichischer Klub für Terrier
Haymogasse 55/6
A-1238 Wien

Niederlande
Raad van Beheer op Kynologisch
Gebied in Nederland
Postbus 5901
NL-1070 A. X. Amsterdam Z.

Schweiz
Schweizerische Kynologische
Gesellschaft (SGK)
Falkenplatz 11
CH-3012 Bern

Belgien
Club Royal Belge Terriers
Sekretariat
Chaussée du Clorbus 107
B-7700 Mouscron

F.C.I.
Fédération Cynologique
Internationale
13 Place Albert I
B-6530 Thuin/Belgien

Großbritannien
The Kennel Club
1 Clarges Street, Piccadilly
GB-London W 1

USA
The American Kennel Club
51 Madison Avenue
USA-New York, NY 10010

Die Hauptgeschäftsstelle des

Klub für Terrier e. V.
Schöne Aussicht 9
D-65451 Kelsterbach
Tel.: 0 61 07 / 23 65

ist auch Welpenvermittlungsstelle für die Border Terrier. Interessenten können sich dort nach aktuell gemeldeten Welpen dieser Rasse erkundigen oder das Züchterverzeichnis des KfT für die Rasse der Border Terrier (Züchtertafel der Fachzeitschrift DER TERRIER) anfordern. Dieses Verzeichnis enthält die Namen, Anschriften und Telefonnummern sowie die Zwingernamen von Züchtern, die den strengen Zuchtbestimmungen dieses VDH-Vereins verpflichtet sind.

Literatur

GARDNER, W. J. F., 1983: About the Border Terrier
HORN, M. H., o. J. (um 1930): The Border Terrier
JACKSON, J. U. F., 1989: All about the Border Terrier
JACKSON, F. u. IRVING, R., 1969: Border Terriers
MARVIN, J. T., 1964: The Book of all Terriers
ROSLIN-WILLIAMS, A., 1976: The Border Terrier
ROSLIN-WILLIAMS, A., 1996: All about Border Terriers
Der Terrier, hrsg. vom Klub für Terrier (KfT) e. V., Jahrgang 1971, 1984, 1996

Weiterführende Literatur aus dem Parey Buchverlag

BEYERSDORF, P., 1993: Dein Hund auf Ausstellungen. 2. Auflage
BURTZIK, P., 1996: Erziehung und Ausbildung des Hundes. 5. Auflage.
FIEDELMEYER, L., 1983: Kauf, Pflege und Fütterung des Hundes. 3. Auflage.
HEGENDORF, 1980: Der Gebrauchshund. Haltung, Ausbildung und Zucht. 14. Auflage
KOBER, U., PEPER, W., 1995: Pareys Hundebuch. 2. Auflage.
POORTVLIET, R., 1987: Mein Hundebuch. 2. Auflage.
QUEDNAU, F., 1987: Rechtskunde für Hundehalter.
SCHMIDTKE, H.-O., 1984: Gesundheitsfibel für Hunde. 2. Auflage.
WEIDT, H., 1996: Der Hund, mit dem wir leben: Verhalten und Wesen. 3. Auflage.

Bildnachweis

Seiten 2, 17, 26, 31, 71, 73, 102, 110
Roberto Tierfotografie, Gronau

Seite 18
Riemenschneider, Recklinghausen

Seite 21
Zeichnung Gisela Jahrmärker, Berlin. Nach Harold R. Spira, „Canine Terminology"

Seite 24, 25
Zeichnung Gisela Jahrmärker, Berlin, nach einer Vorlage der Autorin

Seite 32
B. Huber, Augsburg

Seiten 33, 37
S. Rassau, Eltville

Seiten 35, 63
Prof. Clerc, Bern

Seiten 39, 41, 46, 48, 52, 55, 78
Dr. G. Wallenburg, Wahlstedt

Seiten 43, 50, 105
C. Winter, Damlos

Seiten 51, 61
C. Ebinger, Mutterstadt

Seiten 56, 64
O. Plenk, Buxtehude

Seite 59 (u.)
Dr. A. Hönicke, Borsfleth

Seite 62
Manuela Feucht, Hilgertshausen

Seite 65
C. Habig, Sulzheim

Seiten 67, 90
Susanne Funk, Dreieich

Seite 87
C. Brinckmann, Harsefeld

Seite 96
Hans-Jörg Anders, Hamburg

Seite 99
H. Möller, Hanstedt

Seite 112
A. Lühr, Bendestorf

Alle übrigen Abbildungen stammen von der Verfasserin.

Rund um den Hund !

U. Kober / W. Peper

Pareys Hundebuch

2., neubearbeitete Auflage.
1995. 271 Seiten mit
252 Abbildungen,
davon 210 farbig.
14 x 22 cm. Gebunden.
DM 58,– / öS 429,– / sFr 58,–
ISBN 3-8263-8033-9

Der kindersichere Hund

Freund, Beschützer, Spielgefährte

1996. Ca. 120 Seiten mit
ca. 60 farbigen Abbildungen.
14,5 x 19 cm. Gebunden.
DM 29,80 / öS 221,– / sFr 27,50
ISBN 3-8263-8407-5

R. Poortvliet

Mein Hundebuch

Aus dem Holländischen.
2. Auflage.
1987. 232 Seiten mit über
750 meist farbigen Zeichnungen.
22 x 28 cm. Gebunden.
DM 64,– / öS 474,– / sFr 64,–
ISBN 3-8263-8261-7

H. Niemand / P. Suter (Hrsg.)

Praktikum der Hundeklinik

Mit Beiträgen von J. Arndt,
S. Arnold, B. Bigler et al.
8. Auflage. 1994. XXII, 816 S. mit
405 Abb., davon 60 farbig, 123 Tab.
21 x 28 cm. Gebunden.
DM 228,– / öS 1687,– / sFr 228,–
ISBN 3-8263-3002-1

Preisstand: 1. Juni 1996

Parey Buchverlag · Berlin